现代职业教育汽车专业创新教材

U0367704

汽车美容与装饰

理实一体化彩色教程

主　编　武　剑

副主编　徐　诞　黄　艳

主　审　刘　军

机械工业出版社

CHINA MACHINE PRESS

《汽车美容与装饰理实一体化彩色教程》以汽车美容装饰从业人员实际工作过程为导向，集中提炼了从业人员施工频率较高的16个典型工作任务，并以这些任务为载体，将从业人员应具备的知识与技能在完成学习任务的过程中进行建构。

本教材着重对汽车美容的相关作业内容、操作工艺流程及相关养护产品的使用等进行系统的讲解。全书分为汽车美容，汽车装饰、汽车车窗贴膜、车载电器加装四个项目，根据职业院校学生的学习特点，注重学习方法和技能训练，减少理论文字描述，大量增加彩色图片，使学生能够直观地掌握每一个实训任务的工艺流程。

本书可作为中高职汽车专业学生教材；也可供汽车美容工、汽车装饰工、汽车贴膜工等学习参考。

图书在版编目（CIP）数据

汽车美容与装饰理实一体化彩色教程／武剑

主编. —北京：机械工业出版社，2018.9（2025.1重印）

现代职业教育汽车专业创新教材

ISBN 978‑7‑111‑61329‑9

Ⅰ.①汽…　Ⅱ.①武…　Ⅲ.①汽车‑车辆保

养‑职业教育‑教材　Ⅳ.①U472

中国版本图书馆 CIP 数据核字（2018）第 258771 号

机械工业出版社（北京市百万庄大街 22 号　邮政编码 100037）

策划编辑：齐福江　　责任编辑：齐福江

责任校对：黄兴伟　　封面设计：陈　沛

责任印制：常天培

固安县铭成印刷有限公司印刷

2025 年 1 月第 1 版第 7 次印刷

184mm×260mm·11 印张·250 千字

标准书号：ISBN 978‑7‑111‑61329‑9

定价：49.00 元

电话服务　　　　　　　　　　网络服务

客服电话：010‑88361066　　机　工　官　网：www.cmpbook.com

　　　　　010‑88379833　　机　工　官　博：weibo.com/cmp1952

　　　　　010‑68326294　　金　书　网：www.golden-book.com

封底无防伪标均为盗版　　机工教育服务网：www.cmpedu.com

前　言

随着汽车工业的快速发展以及人们消费水平的不断提高，汽车保有量迅速增长。汽车在使用过程中需要经常性地进行美容护理以及必要的维修。有些车主为了追求个性或出于某些爱好，还会对爱车进行大量的装饰，这就意味着专业、规范、优质的汽车美容装饰服务业发展潜力巨大，因而市场急需具有专业服务技能的汽车美容装饰人才，来满足日益发展的汽车美容装饰服务市场的需求。

汽车美容与装饰课程是针对汽车美容工、汽车装饰工、汽车贴膜工及汽车美容电工人员等岗位而开设的一门专业核心课程。

在编写本教材的过程中，我们结合在汽车美容企业中的工作经历，同时在广泛调查研究的基础上，根据我国汽车美容与装饰行业发展的实际情况以及各职业院校的教学场地条件，以汽车美容装饰从业人员工作过程为导向，集中整理提炼了从业人员施工频率较高的 16 个典型工作任务，并以这些任务为载体，将从业人员应具备的知识与技能在完成学习任务的过程中进行建构。本教材着重对汽车美容的相关作业内容、操作工艺流程及相关养护产品的使用等进行系统的讲解，并介绍了当前汽车美容装饰中的新技术、新工艺、新材料、新观念，使所提供的知识能够与时代同步。全书分为汽车美容、汽车装饰、汽车车窗贴膜、车载电器加装四个项目，有别于同类教材的是，本书将汽车精洗、漆面养护、车室护理三部分内容整编进汽车美容项目，把汽车车窗贴膜与车载电器加装从汽车装饰大类中专门提出来编为独立的两个项目，而本书的重点就是汽车美容与汽车车窗贴膜两个项目。每个项目又分为若干任务，根据职业院校学生的学习特点，注重学习方法和技能训练，尽量减少理论文字的篇幅而大量增加彩色图片，使学生能够直观地掌握每一个实训任务的工艺流程和操作步骤，通过训练强化基础理论的掌握与技能的运用，最后通过考核评价来反馈学生的学习情况。

Preface

本书由常州交通技师学院武剑担任主编，徐诞、黄艳担任副主编，北京市房山区第二职业高中刘军担任主审，潍坊市工程技师学院王子义、佛山职业技术学院李忠健、长兴县职业技术教育中心学校李滨、日照市技师学院杨涛、常州交通技师学院承晓、曹星皓参编。具体编写分工如下：黄艳负责编写项目一中的汽车美容概述、任务一、任务二及项目二中的汽车装饰概述；武剑负责编写项目一中的任务三及项目三；徐诞负责编写项目一中的任务四、任务五、任务六；王子义负责编写项目二中的任务一、任务二；李忠健负责编写项目二中的任务三；李滨负责编写项目四中的车载电器概述；杨涛负责编写项目四中的任务一；承晓负责编写项目四中的任务二；曹星皓负责编写项目四中的任务三。

在本书编写过程中，得到了江苏名门驿站汽车服务有限公司、常州百丽汽车美容服务中心、常州世纪行丰田4S店、常州3D广燕汽车美容护理中心、常州晓东改灯连锁店等相关企业汽车美容专家及许多优秀技师的大力支持，在此一并表示感谢！

编　者

目　录

前　言

项目一　汽车美容　001

汽车美容概述　001

任务一　汽车精洗　005

任务二　汽车漆面打蜡　018

任务三　汽车漆面抛光　028

任务四　汽车漆面封釉　040

任务五　汽车漆面镀晶　047

任务六　汽车车室清洁护理　054

项目二　汽车装饰　063

汽车装饰概述　063

任务一　汽车座垫的安装　066

任务二　车灯改色膜的张贴　075

任务三　底盘装甲的施工　081

项目三　　**汽车车窗贴膜**　090

汽车太阳膜概述　　　　　　　　　　　　　　　　　　090
任务一　汽车小三角风窗贴膜　　　　　　　　　　　094
任务二　汽车侧风窗贴膜　　　　　　　　　　　　　100
任务三　汽车后风窗贴膜　　　　　　　　　　　　　110
任务四　汽车前风窗贴膜　　　　　　　　　　　　　122

项目四　　**车载电器加装**　135

车载电器概述　　　　　　　　　　　　　　　　　　135
任务一　倒车雷达的加装　　　　　　　　　　　　　137
任务二　车载导航的加装　　　　　　　　　　　　　147
任务三　行车记录仪的加装　　　　　　　　　　　　156

参考文献　167

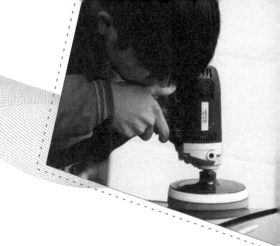

项目一 汽车美容

汽车美容概述

◀ 学习地点

理论教室。

◀ 学习准备

教具：多媒体设备。
劳动保护用品：工作服。

◀ 需用知识

一、汽车美容的概念

汽车美容是汽车工业和人类文明发展到一定程度的产物，是一个新兴行业。"汽车美容"源于西方发达国家，英文名称为"Car Beauty"或"Car Care"，是指汽车的美化与维护，它已成为普及性的、专业化很强的服务行业。"汽车美容"的概念最初在我国出现是在1994年，如今这个概念已被公众普遍接受，汽车美容企业常以"汽车美容中心"自称，如今汽车美容中心已遍布全国各地。所谓汽车美容，是指针对汽车各部位不同材质所需的保养条件，利用专业美容系列高科技技术设备，采用不同性质的汽车美容护理产品及施工工艺，对汽车进行的清洁、护理、漆面翻新、缺陷修复等维护作业。汽车美容不仅使汽车焕然一新，而且能让旧车全面地彻底翻新，并长久保持靓丽的光彩。

二、汽车美容的分类

1. 根据汽车美容的作业部位分

（1）车身美容

车身美容包括整车清洗，车表上沥青、焦油等附着物的清除，漆面打蜡、抛光、封釉、镀膜、镀晶、漆面修复、新车开蜡、轮胎上光、保险杠翻新等。

（2）车室美容

车室美容项目包括仪表台、顶棚、地毯、脚垫、座椅、座套、车门内饰的吸尘清洁护理，以及蒸汽杀菌、冷暖封口除臭杀菌、室内空气净化灯项目。

（3）发动机美容

发动机美容包括发动机外部清洁护理及发动机内部各系统的免拆清洗等。

2. 根据汽车美容的性质分

（1）护理性美容

护理性美容是指保持车身漆面和内室件表面亮丽如新，并起到一定保护作用而进行的美容作业。其主要作业项目有新车开蜡、汽车清洗、漆面打蜡、封釉、镀膜及内室件保护处理等。

（2）翻新性美容

翻新性美容是指受污染的漆面和内室件分别出现粗糙失光和污物附着，但此时不需喷漆和修补，经过翻新美容后就能达到原来的效果。旧车漆面翻新美容的施工工艺为：车身清洗→漆面抛光（研磨）→漆面还原→打蜡上光或封釉或镀膜；旧车车室翻新美容的施工工艺为：全车室内吸尘→全车室内清洗→杀菌消毒→皮革上光护理。

（3）修复性美容

汽车修复性美容是车身漆面或内室件表面出现某种损伤后所进行的恢复性美容作业。其主要项目有漆面浅划痕抛光修补、漆膜病态治理、漆面局部修补、整车漆膜翻新和内室件修补等。

三、汽车美容的依据和原则

1. 汽车美容的依据

汽车美容应根据车型、车况、使用环境及使用条件等因素，有针对性地、合理地安排美容作业的时机和项目。

（1）因车型而异

汽车的档次不同，汽车美容项目、内容及使用用品也不同。如高档轿车可考虑使用高档美容用品，重点放在美容效果上，一般汽车只进行常规的美容作业就可以了。

（2）因车况而异

汽车美容作业应依据汽车漆面及其他物面状况有针对性地进行。如车漆表面出现划痕，尤其是较深的划痕，若不及时处理会导致金属锈蚀。

（3）因环境而异

汽车行驶的地域和道路不同，对汽车进行美容作业的时机和项目也不同。如汽车经常在污染严重的工业区行驶，应缩短清洗周期，经常检查漆面有无污染色素沉积，并采取积极的预防措施；如汽车经常在沿海地区行驶，由于当地空气潮湿，且大气中含盐分较多，一旦漆面出现划痕应立即采取措施治理，否则会很快造成内部金属锈蚀；如汽车经常在西北地区行驶，由于当地风沙较大，漆面易失去光泽，应缩短打蜡抛光的周期。

（4）因季节而异

不同季节因气温、气候的变化，对汽车表面及室内都会有不同程度的影响。如夏季气温高，漆面易高温老化；冬季干燥寒冷，漆膜易冻裂，应进行必要的预防护理。另外，夏冬两季经常使用空调，车窗紧闭，车内易出现异味，应定期进行杀菌和除臭。

2. 汽车美容的原则

在实施美容护理中应遵循以下原则。

（1）预防与处理相结合的原则

尽管轻微的漆面划痕可以通过研磨抛光等手段进行处理，但这样会使漆面变薄，减少了有效处理的次数。因此汽车美容护理时应采取预防为主、适当护理的原则。

（2）车主护理与专业护理相结合的原则

汽车美容项目很多属于经常性、周期性的维护作业，如除尘、清洗、擦车、检查等，几乎天天要进行，这些简单的护理作业，只要是车主或驾驶人掌握了一定的汽车美容知识，完全可以自己完成。但定期到专业汽车美容场所进行美容也是必不可少的，因为还有很多美容项目是车主无法完成的。尤其是汽车漆面、内饰、外饰出现某些问题时，必须进行专业护理。为此，车主或驾驶人护理一定要与专业护理相结合，这样才能将爱车护理得更好。

（3）单项护理与全套护理相结合的原则

汽车美容护理作业的项目和内容很多，在作业中应根据汽车自身的状况有针对性的选择项目和内容，这样不仅节省费用，而且对汽车本身也有利。

（4）局部护理与全车护理相结合的原则

如果汽车漆膜的局部出现损伤，只要对局部进行处理即可。只有在全车漆膜绝大部分出现损伤时，才对全车漆膜进行处理。

四、专业汽车美容与普通汽车美容的区别

国外汽车美容业发展至今已有近百年的历史。由于我国汽车普及率较发达国家低得多，汽车美容的起步相对较晚，故许多消费者误将汽车美容简单地理解为：洗车—打蜡—交车。洗车时所用清洁剂多数是洗衣粉、肥皂和洗涤灵等通用型的而非专用型的。此类产品的 pH 值一般在 10.3～10.9 之间，而汽车油漆耐酸、碱的承受力的 pH 值为 8.0 以下，肥皂水和洗衣粉等虽能分解油垢，但会破坏蜡分子的存在，使漆膜氧化失光，加速密封胶条的老化，油漆脱落，金属腐蚀以至穿洞等。因此长期使用 pH 值 8.0 以上的清洁剂，虽洗去了车表面的灰尘，却对漆面造成了损害。长期使用可使车漆失去光泽、亚色、干裂、生锈，因此不能选用碱性洗车液洗车。打蜡时所用的蜡一般为硬质蜡，车体在上蜡 20min 后才能进行抛光，在这 20min 内，蜡膜会吸附大量的灰尘与沙粒，抛光时它们会划伤漆面，产生大量划痕，严重影响光泽度。由此可见，普通汽车美容名为护车，实则毁车。

专业汽车美容与众不同之处，在于它自身的**系统性**、**规范性**和**专业性**。

系统性就是着眼于汽车的自身特点，由表及里进行全面细致的保养。

规范性就是每一道工序都有标准而规范的操作工艺、规范的标准。

专业性就是严格按照工序要求采用专业的设备和工具、专业用品和专业手段进行操作。

总之，专业汽车美容护理是由经过专业培训的技师使用专业优质的养护产品，针对汽车各部位材质按严格的操作程序进行有针对性的、细致的维护，使汽车经过专业美容后外观洁亮如新，漆面光亮保持长久，有效延长汽车寿命。

◀ 评价与巩固

一、反思性问题

汽车美容的依据与原则分别是什么？

答:

_____

_____

_____

二、拓展性问题

专业汽车美容与普通汽车美容的区别在哪里？

答:

_____

_____

_____

任务一　　　　汽车精洗

学习目标

能正确使用汽车精洗所需的各种设备、工具及材料。

能双人合作高质量完成整车精洗的工艺流程。

任务描述

根据车主的美容项目要求，美容技师选择合适的汽车精洗设备及汽车精洗用品，在汽车精洗工位按照规范的汽车精洗操作工艺，在一定的时间内，完成对汽车精洗项目的操作。

学习地点

理论教室、汽车精洗工位区。

学习准备

教具：多媒体设备。

设备：汽车精洗设备、吸尘器、洗衣机、消毒柜。

工量具：擦拭汽车各部位的不同毛巾、气枪、龙卷风内室专用吹枪、毛刷等。

材料：离子覆膜、洗车香波、中性内室清洗液、玻璃清洗液、轮毂清洗剂等。

劳动保护用品：工作服、防水围裙、劳保鞋、专用洗车手套。

需用知识

汽车精洗是由汽车清洗演变而来的，所以首先要了解有关汽车清洗的知识。汽车清洗，通俗地说就是洗车，它是汽车美容中最基本的工作，也是漆面美容的前提，以清除车表和零部件污染物，防止车身部件受到腐蚀和损害，保护汽车各零部件在最佳状况下工作。因此，汽车清洗在汽车养护中具有最重要的作用。汽车清洗经过不断的演变发展，目前大多数汽车美容店通过增添一些附加服务项目，如车身柏油等污物的清除、轮毂清洗、发动机舱清洁等，逐渐由汽车清洗过渡到了汽车精洗。

一、汽车清洗的作用

1. 保持汽车外观整洁

汽车在行驶中经常置身于飞扬的尘土中，经受风吹日晒，雨雪天气还要在泥泞的道路上行驶，车身外表难免被泥土粘污，影响汽车外观。为使汽车外观保持清洁亮丽，应根据汽车所处的环境状况，经常对汽车进行清洗保养。

2. 消除大气污染的侵害

大气中有很多会对车身表面产生危害的污染物。其中，酸雨的危害性最大，它附着于车身表面会使漆面形成网纹或斑点，如不及时清洗还会造成漆层老化。因此，在工业污染较严重的地区，汽车淋雨后应及时到专业美容店进行清洗。

3. 清除车身表面顽渍

车身表面黏附树油、鸟粪、虫尸、焦油和沥青飞漆等顽渍，如不及时清除就会腐蚀漆层，给护理增加难度。为此，车主要经常检查车身表面。一旦发现具有腐蚀性的顽渍应尽快清除。如已腐蚀漆层，则必须到专业汽车维修站或汽车 4S 店进行喷漆处理。

二、汽车清洗频率的判断

1. 依据天气来判断

1）连续晴天时，大约一周做一次全车清洗即可。

2）连续雨天时，只要先向全车喷洒清水，使车上的污物掉落，然后用湿布或湿毛巾擦拭全车所有的玻璃即可。但当晴天后，应全车清洗一遍。

3）忽晴忽雨时，如果遇到此种气候，就得常常清洗车身，以保车身清洁不受侵蚀。

2. 依据行驶的路况来判断

（1）行驶在灰尘较大或泥泞路上

行驶在灰尘较大或泥泞路上时，一般车辆都会被污泥溅到或粘在车身上，应立即使用大量清水清洗，以免附着久了伤及漆面。

（2）行驶在海岸有露水或有雾区

行驶在海岸有露水或有雾区时，因海水盐分重且又有露水、雾气湿重，必须用清水彻底清洗，否则易使车身钣金遭受盐分侵蚀。

（3）行驶在山区有露水或有雾区

行驶在山区有露水或有雾区时，只要在停车后，使用湿毛巾擦拭即可。

3. 特殊情况

当车辆受水泥粉或粉刷天桥、路灯的油漆，道路上的柏油等玷污后，应立即对油漆、柏油类的污物进行专业清洗及护理。

三、汽车清洗到汽车精洗的发展演变

1. 原始阶段

20 世纪 80 年代，汽车清洗是在车主对自有车辆清洗的基础上发展而成，仅有简单的洗车工具如水桶、毛巾、自来水管等，对车辆进行简单的外表清洗，营业场所大多为路边临时建筑或露天作业，开展对社会车辆的清洗服务。

特征：设施简陋，人员素质低，服务场所和人员均流动性较大，服务项目单一，未纳入政府部门管理，有部分洗车仅为停车、餐饮招揽生意的附属服务。

2. 成长阶段

20 世纪 80 年代末至 90 年代初，汽车清洗使用基本的清洗工具材料，如高压水枪、蓄水池、洗衣粉等，有相对固定的营业场所和从业人员，作为服务点基本纳入了工商税务部门的管理。

特征：服务项目单一，技术要求无标准，逐渐成长为一项社会所需要的服务业，接纳了较多的农村劳动力。

3. 垄断阶段

1991—1993 年，各地政府部门为创建卫生城市提升城市综合形象而采取一项强制措施，即在城市要道口修建了大型洗车场，拥有成套的专用设备，如清洗机、高泡机或大型自动洗车机进行流水线作业，并普遍使用洗车液，有专门的工作人员，但服务项目仍停留在外表的普通清洗。

特征：计划经济的产物，投入高，规模大，靠行政命令推行，因违背市场经济规律而很快消失。

4. 发展阶段

1993—1996 年，开始接受国外汽车美容护理的基本理念，由简单的汽车外观清洗进入车内的美容护理，有专业的汽车清洗设备，如高泡机、吸尘器、洗衣机、脚垫烤干机等，使用专业的洗车液；从业人员也具备了一定的专业汽车护理常识，并且在护理的时候，根据汽车的情况，开始进行汽车内室的护理；从业者在数量上和质量上都有一个较大的发展。

特征：同行之间的竞争不仅仅比价格，更主要的是服务质量，用优质服务去吸引顾客。赢取自己的经济收入。

5. 专业阶段

1996—2003 年，已经能够进行全面防锈、护理、养护等方面的汽车美容，并开始研究顾客潜在的需求。从业人员专业素质较高，技术人员一般都是通过专业学校培训的，深刻领会并具体落实了专业洗车方式和科学的美容方法。

特征：企业内部有较科学的管理，同行之间的竞争由硬性发展为软性，竭力为客户提供享受式的服务，如在汽车美容店配上休闲茶楼、方便购物的精品店、供顾客活动的娱乐室等，并根据情况引导顾客消费。但这种配套的、专业的汽车美容服务店在全国只占 1/5 的比例。

6. 现代化阶段

2003 年以后，发展为品牌和规模化的汽车美容服务网络，表现为"绿色、环保、以人为本的个性化服务"。为拥有专业的全套汽车美容技术和科学养护方式，使用绿色环保设备、绿色环保护理用品等统一专业的施工操作流程。

特征：单就汽车清洗而言，无论是大中小型汽车美容店，都通过增添一些附加服务项目，如车身柏油等污物的清除、轮毂清洗、发动机舱清洁等，逐渐由汽车清洗（普洗）过渡到了汽车精洗的阶段。

◀ 活动实施

汽车精洗工艺流程

一、实训设备、工具及材料

实训设备、工具及材料如图1-1~图1-6所示。

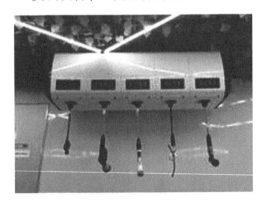

图1-1　汽车精洗设备（含各种精洗材料）

图1-2　毛巾、龙卷风喷枪、海绵、喷壶、刷子

图1-3　擦拭不同部位的毛巾

图1-4　洗衣机

图1-5　消毒柜

图1-6　吸尘器

二、实训时间

实训时间为40min。

三、实训教学目标

1）能正确使用汽车精洗所用到的设备、工具及清洁用品。

2）能双人合作高质量完成汽车精洗的工艺流程。

3）通过分工位合作完成实训任务，培养团队意识。

四、实训教学组织

1. 教学组织形式

每辆车安排4名学生参与实训，两名学生为一组。一组操作，另一组观察学习。

2. 学生站位分工和要求

将先操作的两名学生编为第一组，按照车头方向左边工位为1号、右边工位为2号进行编号，另外两名学生编为第二组。

3. 实训教师职责

讲解实训操作步骤和注意事项；下达"操作开始"口令；工位间巡视、检查、指导和纠正错误。

4. 学生职责变换

两名学生实行职责变换制度，即：第一遍1号在左，2号在右；第二遍2号在左，1号在右。两遍操作完毕，第二组操作，第一组观察。

五、实训操作步骤

第一步骤　内饰清洁

1. 工位准备

要点：

①车辆进入工位前，参训学生将工位卫生清理干净，排除障碍物，准备好相关的工具、材料等。

②培养良好的工作习惯，充分做好事前准备，有利于安全操作和提高工作效率

2. 取出脚垫

要点：

1号、2号分别各自取出车内左右两边的脚垫。

注意：取脚垫时要轻轻抽出，把脚垫上的污物连同脚垫一齐取出，不要洒落在车内地毯上

有些较难取出的3D立体脚垫通过移动座椅的位置再将其取出

3．门板清洁

要点：

1 号、2 号分别进行门板清洁使用龙卷风喷枪加上内室清洗液配合内饰专用毛巾（绿色）进行清洁

清洁门板时要注意清洁到每一个部位，包括门板下的储物盒、侧门玻璃的缝隙、车门升降开关槽等

4．仪表台清洁

要点：

1 号、2 号分别使用龙卷风喷枪加上内室清洗液配合内饰专用毛巾（绿色）进行清洁

清洁仪表台时要注意不要让喷枪中的清洗液渗入到仪表台下 ECU 处，以防导致短路

5．中控、档位杆、扶手箱及空调出风口的清洁

要点：

1 号、2 号分别使用龙卷风喷枪加上内室清洗液配合内饰专用毛巾（绿色）进行清洁

清洁时要注意尽可能清洗到每一道边缝，不要有遗漏

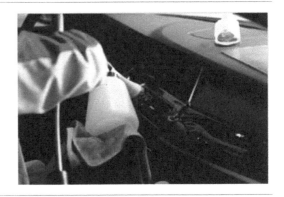

6．座椅清洁

要点：

1 号、2 号分别使用龙卷风喷枪加上内室清洗液配合内饰专用毛巾（绿色）进行清洁

清洁座椅时要注意将座椅上的灰尘清洁干净，还应注意座椅上的一些附件如塑料装饰件等要清洁到位

7. 室内吸尘

要点：

1号对汽车室内进行吸尘。整个吸尘过程要由一人完成，避免吸尘器管道在车内有拉蹭现象，防止真皮与装饰件被刮花

吸尘过后要确保全车内室（包括行李箱）干净无脏物

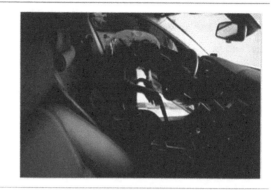

8. 脚垫清洁

要点：

2号把脚垫上的脏物清洁干净，特别脏的脚垫需要用软质毛刷刷洗，清洁干净之后用毛巾尽量擦干

9. 发动机舱清洁

要点：

1号进行发动机舱清洁。首先将发动机舱内的树叶、杂质等清理干净，然后用吹气枪将发动机表面的灰尘吹掉，再用半湿的发动机专用毛巾（紫色）将表面擦拭干净

10. 脚垫放回车内

要点：

2号将清洗好的脚垫按照原先的位置放回车内。放置完毕之后要检查脚垫上的卡扣是否安装到正确位置，以免影响制动踏板及加速踏板的工作

至此，内室清洁工作已经全部完成

汽车精洗不同于传统的汽车普洗，首先从内饰清洁开始而不是从车身外观开始冲洗，目的是让汽车漆面先冷却下来，进行一个缓冲，防止漆面冷热交替发生老化。

第二步骤　轮胎、轮毂清洗

1. 轮胎清洗

要点：

1 号、2 号分别使用软水配合硬质轮胎专用毛刷对左右两边车轮的轮胎进行刷洗，确保干净无泥沙

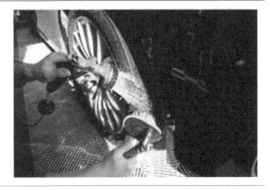

2. 轮毂清洗

要点：

1 号、2 号分别使用软水配合轮毂专用毛巾（灰色）对左右两边车轮的轮毂进行擦洗，确保干净无污物

第三步骤　漆面清洗

1. 漆面预洗

要点：

1 号、2 号分别使用泥沙松软剂均匀喷洒至车身外表上。此步骤主要目的是松动、软化泥沙，更易冲洗，防止沙粒在漆面摩擦产生划痕

2. 花洒软水冲洗

要点：

1 号、2 号分别使用花洒软水进行对车身外观左右两边冲洗。若漆面污物较多，可适当增大水枪压力

冲洗完毕之后，要确保车身大部分泥沙被冲洗掉

3. 喷洒洗车香波

要点：

1 号、2 号分别使用洗车香波均匀喷洒至车身外表上

4. 车身裙边清洗

要点：

1 号、2 号分别使用海绵对车身裙边进行擦洗

在汽车精洗中，海绵仅用于裙边，不能用于其他部位

5. 全车污垢清洗

要点：

1 号、2 号分别佩戴专用洗车去污手套配合适当压力的软水对全车漆面进行擦拭和冲洗

要注意中网、车牌、边缝、油箱口等处的清洁

6. 离子镀膜

要点：

1 号、2 号分别使用离子镀膜剂均匀喷洒至清洗好之后的车身漆面上

7. 全车脱水

要点：

1 号、2 号配合使用蓝色大毛巾将车身漆面的水珠大致脱干。此步骤不要求把水脱干净

8. 吹水

要点：

1 号、2 号分别使用吹气枪将残留在车身漆面缝隙里（如反光镜、车门缝隙、前后车牌、油箱盖等）的水分吹出

9. 全车精细脱水

要点：

1 号、2 号分别使用专用漆面毛巾（红色）将全车漆面的水擦拭干净。要注意中网、车牌、边缝、油箱口等处的擦拭

10. 门边、边缝清洁

要点：

1 号、2 号分别使用专用边缝毛巾（棕色）将全车门边、边缝中的水擦拭干净

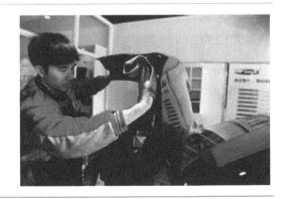

第四步骤　玻璃表面清洁

1. 玻璃内表面清洁

要点：

1 号使用玻璃清洁剂配合玻璃专用毛巾（蓝色）对玻璃内表面进行清洁，确保干净无污物

2. 玻璃外表面清洁

要点：

2 号使用玻璃清洁剂配合玻璃专用毛巾（蓝色）对玻璃外表面进行清洁，确保干净无污物

　　在第一、第三步骤内饰清洁与漆面清洗环节中，虽然已顺带清洁了汽车玻璃内外表面，但是用毛巾擦拭过的玻璃表面难免会留有水印，因此需利用专业玻璃清洁剂风干快、清洁高效的特点进行精细加工，使玻璃表面更加洁净明亮，给车主一个清晰的视觉感受。

第五步骤　轮胎上光保护

轮胎上光保护

要点：

1 号、2 号分别使用专用轮胎上蜡刷配合专业轮胎蜡将全车轮胎进行上光保护处理

第六步骤　质检

质检

要点：

将车辆移至自然光线下，由 2 号对整车各个部位的清洁程度进行最后的质量检验，对没清洁干净的部位及时进行补救

◀ 评价与巩固

一、反思性问题

什么是汽车清洗？汽车清洗的作用是什么？

答：
_____
_____
_____
_____
_____
_____

二、拓展性问题

从汽车清洗到汽车精洗经历了怎样的发展演变？

答：
_____
_____
_____
_____
_____

三、操作能力考核表

项目	评价内容	评价等级（学生自评）		
		A	B	C
关键能力考核项目	遵守纪律、遵守学习场所管理规定，服从安排			
	安全意识、责任意识，5S 管理意识，注重节约、节能与环保			
	学习态度积极主动，能参加实习安排的活动			
	团队合作意识，注重沟通，能自主学习及相互协作			
	仪容仪表符合活动要求			
专业能力考核项目	按时按要求独立完成考核表			
	正确使用各种设备、工具及材料			
	正确完成汽车精洗的工艺流程			
	完成汽车精洗作业的质量			
	正确穿戴劳动保护用品			
	双人作业中与同伴的配合默契度			
小组评语及建议		组长签名： 年　月　日		
老师评语及建议		教师签名： 年　月　日		

任务二　　　汽车漆面打蜡

学习目标

能准确叙述车蜡的分类及作用。

能正确运用汽车打蜡、抛光的方法。

能单人高质量完成汽车漆面打蜡的工艺流程。

任务描述

根据汽车美容项目的要求，美容技师选择合适的车蜡及美容设备，在汽车美容工位按照规范的打蜡上光操作工艺，完成对全车或局部打蜡上光的操作过程。

◀ 学习地点

理论教室、汽车美容工位区。

◀ 学习准备

教具：多媒体设备。

工量具：打蜡海绵、抛光毛巾、小毛刷等。

材料：车蜡。

劳动保护用品：工作服、围裙、劳保鞋。

◀ 需用知识

一、车蜡概述

1. 什么是车蜡

车蜡是一种涂抹在车漆表面，用来保护漆面，同时又起到美观用途的化学材料。它的主要成分是聚乙烯乳液或硅酮类高分子化合物，并含有油脂和添加剂成分。由于车蜡中富含的添加成分不同，在物质形态、性能上有所区别，进而划分为不同的种类。

2. 车蜡的种类

车蜡的分类方法较多，下面介绍两种主要的分类方法。

1）按其物理状态的不同可分为固体蜡（图1-7）和液体蜡（图1-8）两种。在日常作业中，液体蜡应用相对较广泛。

图1-7　固体蜡　　　　　　　　　图1-8　液体蜡

2）按其功能不同可分为上光保护蜡（图1-9）和抛光研磨蜡（图1-10）两种。上光保护蜡的主要添加成分为蜂蜡、松花油等，其外观多为白色或乳白色，主要用于汽车漆面的上光保护。研磨抛光蜡的主要添加成分为地蜡、硅藻土、氧化铝、矿物油及乳化剂等，颜色有浅灰色、灰色、乳黄色多种，主要用于汽车漆面划痕处理及漆膜的磨平作业，以清除划痕、橘纹及填平细小针孔等。

图1-9　上光保护蜡　　　　　　　图1-10　研磨抛光蜡

3. 车蜡的作用

（1）防水作用

汽车经常暴露在空气中，免不了受风吹雨淋，当水滴存留在车身表面，在天气转晴，强烈阳光照射下，每个小水滴就是一个凸透镜，在它的聚焦作用下，焦点处温度可达800～1000℃，造成漆面暗斑，极大地影响了漆面的质量及使用寿命。另外，水滴易使暴露金属表面产生锈蚀。

（2）抗高温作用

车蜡的抗高温作用原理是对来自不同方向的入射光产生有效反射，防止入射光使面漆或底色漆老化变色。

（3）防静电作用

汽车静电的产生主要有两个来源，一个是纤维织物，如地毯、座椅、衣物等的摩擦产生的；另一个是由于汽车在行驶过程中，空气中的尘埃与车身金属表面相互摩擦产生的。

（4）防紫外线作用

车蜡防紫外线作用与它的抗高温作用是并行的，只不过在日光中，由于紫外线的特性决定了紫外光较易于折射进入漆面，防紫外线车蜡充分考虑了紫外线的特性，使其对车表的侵害得以最大限度地降低。

（5）上光作用

上光是车蜡的最基本作用，经过打蜡的车辆，都能改善其表面的光亮程度，使车身恢复亮丽本色。

（6）研磨抛光作用

当漆面出现划痕时，可使用研磨抛光车蜡。如果划痕不严重，抛光和打蜡作业可一次完成。

4. 车蜡的正确选用

（1）根据汽车的行驶环境来选择

由于车辆的运行环境千差万别，受外界污染物侵害的方式、程度也不同，因而在车蜡的选择上对汽车漆面的保护应该有所侧重。例如，经常行驶在泥泞、山区、尘土等恶劣道路环境中，应选用保护功能较强的硅酮树脂蜡；沿海地区宜选用防盐雾功能较强的蜡；而化学工业区宜选用防酸雨功能较强的蜡；多雨地区宜选用防水性能优良的蜡；光照好的地区宜选用防紫外线、抗高温性能优良的蜡。

（2）根据漆面的质量来选择

普通车辆选用普通的珍珠色或金属漆系列车蜡即可。对于中高档汽车，其漆面的质量较好，则应选用高档的车蜡。

（3）根据漆面的新旧程度来选择

新车或新喷漆的车辆，应选用上光蜡，以保持车身的光泽和颜色；对旧车或漆面有漫射光痕的车辆，可选用研磨抛光蜡对其进行抛光处理后，再用上光蜡上光。

（4）根据季节的不同来选择

夏季一般光照较强，宜选用抗高温、防紫外线能力强的车蜡。

（5）选用车蜡时还必须考虑与车漆颜色相适宜

一般深色漆选用黑色、红色、绿色系列的车蜡，浅色车漆选用银色、白色、珍珠色系列的车蜡。

（6）用成套的系列产品

汽车漆面美容应尽量采用成套的系列产品，不配套的美容蜡美容的效果往往不会令人满意，以免出现不必要的麻烦。

二、打蜡方法

1. 手工打蜡

手工打蜡时要按照一定的顺序。首先将少量的车蜡挤在专用打蜡海绵上，保证每次处理的面积一定，以画小圆圈的方式涂蜡，不可大面积涂抹。打蜡时手的用力要均匀，不必使劲擦，以大拇指和小拇指夹住海绵，以手掌和其余三个手指按住海绵均匀地以环形顺序打蜡。圆圈的轨迹沿车身前后移动，具体顺序是前机盖、右前翼子板、右车顶、右前门、右后门、右后翼子板、后机盖、后保险杠、左后翼子板、左车顶、左后门、左前门、左前翼子板、前保险杠。蜡膜尽量做到薄而均匀，每道涂布相应与上道涂布区域有 1/5 ~ 1/4 的重叠，防止漏涂。

2. 机器打蜡

机器打蜡就是将车蜡涂在打蜡机海绵上，具体涂布过程与手工相似，打蜡机的转速控制在 150 ~ 300r/min。

由于机器打蜡的操作要领与车漆封釉类似，因此本次任务以手工打蜡为例进行实训。

三、抛光方法

1. 手工抛光

手工抛光就是用抛光毛巾在车身漆面水平直线运动进行抛光，直到涂面擦亮即可。

2. 抛光机抛光

抛光机抛光就是将抛光机的转速调整至 1000 ~ 1500r/min，使用黑色细致海绵盘平放在涂面上，然后均匀地向下施加压力即可。

抛光机的使用将在汽车漆面抛光一节中详细阐述，因此本次任务以车蜡的手工抛光方法为例进行实训。

◀ 活动实施

汽车漆面打蜡工艺流程

一、实训工具及材料

实训工具及材料如图 1 - 11 所示。

图 1 - 11 车蜡（液体蜡）、打蜡海绵、抛光毛巾、小毛刷

二、实训时间

实训时间为 20min。

三、实训教学目标

1）能正确使用汽车漆面打蜡所用到的工具及材料。

2）能单人高质量完成汽车漆面打蜡的工艺流程。

四、实训教学组织

1. 教学组织形式

每辆车安排两名学生参与实训，一人操作，另一人观察学习。

2. 学生站位分工和要求

两名学生一组，首先操作的学生为 1 号、另一人为 2 号进行编号。

3. 实训教师职责

讲解操作步骤和注意事项；下达"操作开始"口令；工位间巡视、检查、指导和纠正错误。

4. 学生职责变换

两名学生实行职责变换制度，即第一遍 1 号操作，第二遍 2 号操作。

五、实训操作步骤

第一步骤　汽车漆面清洗

汽车漆面清洗

　要点：

　按照汽车精洗的要求将汽车漆面清洗干净。要求将漆面吹干、无水渍、无污物

第二步骤　漆面打蜡

1. 打蜡的基本手法及顺序

　要点：

　将液蜡滴到海绵上并在漆面上均匀抹开，打在漆面上的蜡膜尽量做到薄而均匀，每道涂布相应与上道涂布区域有 1/5 ~ 1/4 的重叠

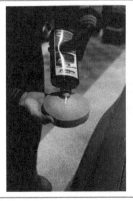
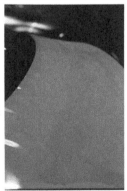

漆面打蜡的顺序为左前机盖→右前机盖→右前翼子板→右前车顶→右前车门→右后车顶→右后车门→右后翼子板→后机盖→后保险杠→左后翼子板→左后车顶→左后门→左前车顶→左前门→左前翼子板→前保险杠

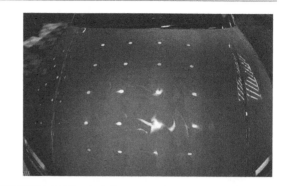

2.　前机盖打蜡

要点：

前机盖打蜡时，注意蜡尽量别打到前机盖与前保险杠、前翼子板之间的缝隙里以及前车灯灯罩上面

3.　前翼子板打蜡

要点：

前翼子板打蜡时，注意蜡尽量别打到前翼子板与前机盖边缘、前车门以及前保险杠之间的缝隙里

4.　前车门打蜡

要点：

前车门打蜡时，注意蜡尽量别打到前车门与前翼子板、后车门之间的缝隙里

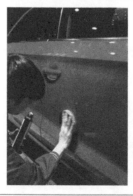 

5. 车顶打蜡

要点：

车顶打蜡时，注意蜡尽量别打到车顶与前、后风窗玻璃之间的缝隙里以及天窗的塑料件上

6. 后车门打蜡

要点：

后车门打蜡时，注意蜡尽量别打到后车门与后翼子板以及前车门之间的缝隙里

7. 后翼子板打蜡

要点：

后翼子板打蜡时，注意蜡尽量别打到后翼子板与后机盖、后车门以及后保险杠之间的缝隙里

8. 后机盖打蜡

要点：

后机盖打蜡时，注意蜡尽量别打到后机盖与后保险杠及后翼子板之间的缝隙里以及尾灯灯罩上

9. 后保险杠打蜡

要点：

后保险杠打蜡时，注意蜡尽量别打到后保险杠与后翼子板以及后机盖之间的缝隙里以及尾灯灯罩上

10. 前保险杠打蜡

要点：

前保险杠打蜡时，注意蜡尽量别打到前保险杠与前机盖、前翼子板之间的缝隙里以及前车灯灯罩上

第三步骤　手工抛光

手工抛光

要点：

漆面打蜡完成之后 5～10min 开始抛光。手工抛光的顺序同漆面打蜡的顺序

要求将漆面完全擦亮，无蜡膜残留

第四步骤　质检

质检

要点：

使用小毛刷将车漆缝隙（如车门亮条、油箱盖等）中的蜡屑清理干净。要求使用小毛刷时力道要轻、不得将漆面刷毛，经处理后，全车漆面缝隙中无蜡屑残留

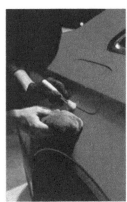

◀ 评价与巩固

一、反思性问题

什么是车蜡？车蜡的作用有哪些？

答：

_____

_____

_____

_____

_____

二、拓展性问题

车蜡的品牌、种类繁多，如何根据不同的情况进行正确地选用？

答：

_____

_____

_____

_____

_____

三、操作能力考核表

项目	评价内容	评价等级（学生自评）		
		A	B	C
关键能力考核项目	遵守纪律、遵守学习场所管理规定，服从安排			
	安全意识、责任意识，5S 管理意识，注重节约、节能与环保			
	学习态度积极主动，能参加实习安排的活动			
	团队合作意识，注重沟通，能自主学习及相互协作			
	仪容仪表符合活动要求			
专业能力考核项目	按时按要求独立完成考核表			
	正确使用各种设备、工具及材料			
	正确完成汽车漆面打蜡工艺流程			
	完成汽车漆面打蜡作业的质量			
	正确穿戴劳动保护用品			
小组评语及建议		组长签名： 　　　　　　　年　　月　　日		
老师评语及建议		教师签名： 　　　　　　　年　　月　　日		

任务三　　汽车漆面抛光

学习目标

能准确叙述汽车漆面抛光的作用及艺术实质。

能正确运用抛光机的基本使用方法。

能双人配合完成汽车漆面抛光的工艺流程。

任务描述

根据汽车美容项目的要求，美容技师利用抛光机与抛光蜡等研磨材料，在汽车美容工位按照规范的漆面抛光操作工艺，在一定的时间内完成对全车或局部抛光的操作过程，以达到整平表面，提高光泽度的目的。

◀ 学习地点

理论教室、汽车美容工位区。

◀ 学习准备

教具：多媒体设备。

工量具：抛光机、抛光盘、抛光毛巾、小毛刷等。

材料：研磨蜡、抛光蜡、还原蜡。

劳动保护用品：工作服、口罩、围裙、劳保鞋。

◀ 需用知识

有些教材把研磨与抛光分开单独放在不同的学习任务里，实际上研磨的概念多用于汽车涂装的范畴，汽车美容中的研磨与抛光操作工艺相似，仅抛光盘的选择和操作时抛光机的转速有所差异，且研磨蜡可以用抛光蜡中的粗蜡代替，因此本书仅讲述关于漆面抛光的知识。

一、漆面抛光实质

1. 抛光的作用

1）清除漆层表面的轻微氧化及研磨剂所留下的痕迹。

2）以化学切割的方式填平漆面上的凹点，其中包括脱脂、消除漆面瑕疵。

3）使漆膜达到镜面般的平滑，为打蜡或封釉或镀膜做好基础。

2．抛光机理

抛光之所以能产生光亮无瑕的漆面艺术效果，是与其艺术实质即作用机理密不可分的。要达到上述目的，一般有 3 种途径。

1）依靠研磨，即依靠摩擦材料把细微划痕去除。

2）依靠釉剂，抛光剂中大多含有晶亮釉成分，抛光到一定程度后，可依靠釉的光泽来弥补漆面残存的缺陷。

3）依靠化学反应，靠抛光机转速的调整而使抛光剂产生化学反应。

前两种途径在日常美容中应用最为广泛，主要原因是初学者对抛光机的转速、抛光头的材料、漆面结构性质以及抛光剂的功效之间的关系了解不够，经验不足，因此，对抛光的要求也不高，即使不十分光滑也没有关系，可以通过封釉来弥补。

通常把通过这种途径得来的漆面光泽称为"虚光"。虚光的特点是无法最终达到镜面效果，且光泽缺乏深度，保持时间短。有经验的护理技师用抛光时产生的热能，使车漆与抛光剂之间产生能量转换，发生化学反应，进而消除细微划痕，让漆面显示出自身的光泽，然后实施封釉，让汽车锦上添花，达到真正的抛光目的。

二、车身漆面的基本知识

1．涂料成膜机理

涂料由液态或粉末状态变成固态，在车身表面形成的一层均匀薄膜，这一过程称为涂装。汽车漆面涂装可分为三种方式。

（1）电泳涂装

新车通常在全自动生产线上完成的底漆涂装。

（2）静电喷涂

为达到漆面厚度均匀，趋于完美的涂装效果，新车全面采用了静电喷涂。

（3）压缩空气喷涂

汽车修补涂装时使用。涂膜的质量在很大程度上取决于操作者的熟练程度和技术水平。

2．车身漆面的类型

按漆面劣化、损坏的程度划分。

（1）新车漆面

新车下线之前必须进行漆面保护。目前只有少部分汽车在全车涂上保护蜡，这种车在出售后必须使用专业的开蜡水对车漆做开蜡处理后方能投入使用。大部分新车在下线后粘贴有保护膜，这类车无须开蜡，可以根据用户需要进行漆面清洗、打蜡护理或封釉护理。

（2）轻微损伤漆面

由于外界环境如紫外线、有害气体、酸雨、盐碱气候、制动盘与蹄片磨损产生的粉尘及马路粉尘等会对漆面形成氧化层，造成亚光或老化。这些轻微损伤通过专业的美容护理即可恢复汽车洁亮如新的效果。

（3）擦伤的漆面

损伤仅伤及外面，钣金未变形，漆面无刮花划痕。

以上三种类型都可以经过专业美容如打蜡、研磨抛光来修复。如果划痕过长、过深且面积较大，则应修补漆面。因此抛光并不是万能的。

（4）划花漆面

划痕深入漆膜。

（5）碰伤漆面

应先修复钣金，再修补漆面。

（6）劣质老化的漆面

漆面经过日晒雨淋而严重老化，深色车漆发白、褪色，白色车漆泛黄，甚至有些车漆漆面龟裂，此时就必须进行重新涂装。

三、抛光蜡的选用及抛光机的使用方法

1. 抛光蜡的选用（以德国卡瓦科斯 Carwax 品牌为例）

（1）研磨蜡（粗蜡）：**Carwax** 437

用于研磨，除去漆面重度氧化层、条纹、污染、褪色等影响漆面外观的深层问题，如图 1 - 12 所示。使用粗蜡抛光的方法称为粗抛或者研磨。

（2）抛光蜡（中蜡）：**Carwax** 445

用于抛光，除去漆面中度氧化层，同时除去研磨后的旋纹，如图 1 - 13 所示。中蜡即一般意义上的抛光蜡，使用中蜡抛光的方法称为中抛即抛光。

（3）还原蜡（细蜡）：**Carwax** 439

用于还原，除去漆面轻度氧化层，同时除去抛光后的旋纹，进一步提升漆面光泽度，如图 1 - 14 所示。使用细蜡抛光的方法称为细抛或者还原。

 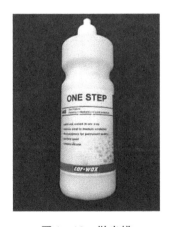 

图 1 - 12 研磨蜡　　　　图 1 - 13 抛光蜡　　　　图 1 - 14 还原蜡

一般而言，要慎用粗蜡，因为粗抛之后的旋纹要用较多的中蜡除去，浪费材料的同时也延误了工作时间，大部分的车漆氧化层基本上通过中抛都可以解决。

另外，无论车漆是何种颜色，还原工序必不可少。通过细蜡还原，不仅可以除去抛光后的旋纹，还可以最大限度地提升漆面光泽度，达到完美的镜面效果。

2. 抛光机的基本使用方法

（1）抛光的五种常用基本手法

抛光常用的五种基本手法分别是平抛、慢抛、翘抛、轻抛、点抛。

平抛：指机器在抛光过程中，兔毛球与漆面成完全吻合状态，防止机器在高速转动时，因受力点不均而损伤车漆。这种抛法适合于平面和侧面没有弧度的情况下使用。

慢抛：指机器在回拉过程中，施力均匀，速度相对缓慢，便于进一步的处理划痕或达到一步晶亮的目的，一般在做车况较差、现场演示时用此抛法。

翘抛：为了增强切削力，使机器的一端边缘翘起，提高抛光速度，一般针对原车漆或漆面落有杂物时使用。此抛法难度大、危险性较高，非技术娴熟人员切勿使用。

轻抛：指机器快送慢拉过程中，均轻微用力，以免损伤车漆。一般在抛前后杠、门条、门框等塑料物件时，使用这种抛法。

点抛：根据漆面不同的部位，而适当降低机器转速的一种抛法，用于抛漆面的边、棱、筋、角处及车标、门把手等危险复杂的地方。

（2）移动抛光机的基本方法

用抛光机作业是为了把漆面均匀地进行研磨，为此，需要想办法控制抛光压力。

1）抛光压力。以抛光机自身的质量为基础，在平面上抛光时不需要使用太大的压力。即使在侧面进行抛光作业，也仅需要使用与平面同等压力。不要增加或减少压力，这样就不容易因为压力不均匀产生有的部分抛的严重有的部位较轻而产生的光圈或是划痕没有清除。

2）盘面与抛光面的角度。抛光时应根据盘面的形状使用压力。如果过度地抛光会形成研磨面不均匀，同时由于局部发热，会造成"抛光分界线""抛光伤痕""抛光烧接"等现象，因此抛光盘与被抛面的角度要尽量小，避免在局部增加过大的压力。

3）抛光范围。一次抛光的范围内以肩膀宽度为界，如果过宽就要依靠臂力，使用力不均匀，会造成抛光面的不均匀。如果使用臂力过久，不能长时间的抛光作业。

4）移动的速度。在研磨时抛光机和盘面上的研磨剂应有比较适宜的速度配合，如果速度过快，不但不易控制按压力，还会使削切量达不到，会出现摩擦不均匀现象。

上述为基本方法，但是汽车表面是复杂的形状，因此再进行以下的操作方法：抛光不仅只是一个方向，而且向纵方向、横方向移动（即井字形的方法），这样可防止摩擦不均匀。

5）移动抛光的幅度。抛光盘面以每次重合盘面的 1/3～1/4 面积进行移动。

◀ 活动实施

汽车漆面抛光工艺流程

一、实训工具及材料

实训工具及材料如图 1-15 所示。

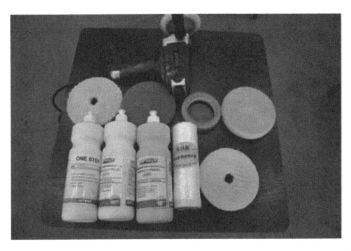

图1-15　抛光机、抛光蜡（粗、中、细）、抛光盘、遮蔽纸、遮蔽膜

二、实训时间

实训时间为2～3h。

三、实训教学目标

1）能正确使用汽车漆面抛光所用到的工具及材料。

2）能正确运用抛光机的基础使用方法。

3）能双人合作高质量完成汽车漆面抛光的工艺流程。

4）通过分工位合作完成实训任务培养学生之间的团队意识。

四、实训教学组织

1. 教学组织形式

每辆车安排4名学生参与实训，两名学生为一组。一组操作，另一组观察学习。

2. 学生站位分工和要求

将先操作的两名学生编为第一组，按照车头方向左边工位为1号、右边工位为2号进行编号，另外两名学生编为第二组。

3. 实训教师职责

讲解操作步骤和注意事项；下达"操作开始"口令；工位间巡视、检查、指导和纠正错误。

4. 学生职责变换

两名学生实行职责变换制度，即第一遍1号在左，2号在右；第二遍2号在左，1号在右。两遍操作完毕，第二组操作，第一组观察。

五、实训操作步骤

第一步骤　抛光前预处理

1. 汽车漆面清洗

要点：

按照汽车精洗的要求将汽车漆面清洗干净，但无须将漆面上的水分擦干

2. 去除漆面氧化层

要点：

用气动振抛机进行漆面去氧化层处理。此步骤完成后要求全车绝大部分漆面无顽固性污物，手感光滑

要点：

对于难以处理的门边缝、门把手等地方，可使用洗车泥配合清水进行去除

3. 擦干车身

要点：

将车身擦干，要求无水渍

4. 车辆移至抛光工位，做好车身遮蔽防护工作

要点：

使用遮蔽膜与美纹纸遮蔽。遮蔽主要部位为非抛光部位漆面覆盖部件，如前后风窗玻璃、门拉手等

5. 工具、材料准备

要点：

将相关的工具、材料准备到位

第二步骤　漆面研磨（选做）

1. 找出漆面重度氧化层区域

要点：

首先利用捕纹灯找出上一步骤中未能去除的漆面重度氧化层，用彩笔标记出来

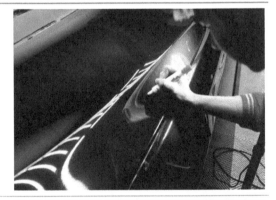

2. 漆面研磨

要点：

使用专用研磨盘配合粗蜡进行漆面研磨操作。慢速启动抛光机，至粗蜡渐干变为粉末状时，提高转速控制在 1400~1800r/min，适当增加下压力度，抛光机移动速度保持一定，直至缺陷消除

第三步骤　漆面抛光

1. 漆面抛光基本操作及顺序

要点：

使用专用抛光盘配合中蜡进行漆面抛光操作。将中蜡倒在漆面或抛光盘上少许，始终保持抛光盘与漆面相切，慢速启动抛光机，至抛光蜡渐干变为粉末状时，提高转速控制在 1800r/min 左右；下压力度适中，抛光机移动速度保持一定

双人漆面抛光操作的顺序：

1 号：前机盖→前保险杠→左前翼子板→左车顶→左前门→左后门→左后翼子板

2 号：后机盖→后保险杠→右后翼子板→右车顶→右后门→右前门→右前翼子板

2. 前、后机盖抛光

要点：

前、后机盖作为汽车的脸面，对抛光的要求最高。去除局部中度氧化层时可适当选择翘抛，但抛盘与漆面的夹角不宜超过 30°。另外，在边角处应使用轻抛、慢抛的方法

3. 保险杠抛光

要点：

保险杠的底材是塑料，因此在进行保险杠操作时应多使用轻抛、慢抛的方法

4. 翼子板抛光

要点：

翼子板抛光时，要注意在筋线的位置使用轻抛的方法

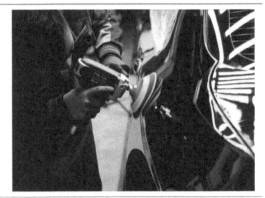

5. 车顶抛光

要点：

车顶抛光时，如果操作人员的身高不够，可打车车门，在门边垫上毛巾，踩在门边上操作

抛车顶边界时，应使用轻抛与翘抛相结合的方法

6. 车门抛光

要点：

车门抛光时，在筋线及门边处应使用轻抛与点抛的方法

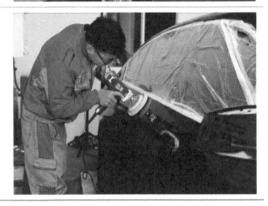

第四步骤　漆面还原

漆面还原基本操作及顺序

要点：

使用专用镜面还原盘配合细蜡进行漆面还原操作。将细蜡倒在漆面或还原盘上少许，始终保持抛光盘与漆面相切，慢速启动抛光机，至还原蜡渐干变为粉末状时，提高转速控制在 $1000 \sim 1400 \text{r/min}$，以不超过 1400r/min 为宜；下压力度略轻，以抛光机自身重量即可，抛光机移动速度保持一定

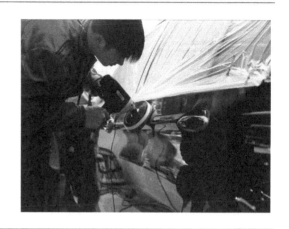

　　双人漆面还原操作的顺序同双人漆面抛光的顺序相一致。车身各个部位的操作方法同漆面抛光的要求

第五步骤　漆面冲洗

1. 漆面冲洗

　　要点：

　　首先撤掉车身防护，车辆驶入精洗工位。1 号、2 号配合使用花洒软水进行对抛光完之后的车身漆面冲洗，可适当增大水枪压力。要确保车身漆面以及车体缝隙之中无蜡灰、蜡屑

2. 漆面清洁

　　要点：

　　冲洗完毕之后，用专用红色毛巾配合吹气枪擦干漆面，注意毛巾要洁净，擦拭力度要轻，不得擦出划痕

漆面抛光后效果 →

车辆再次驶入美容工位，至此，抛光工艺结束

抛光是一个修复的过程，并无护理作用，抛光为紧接下来的打蜡、封釉、镀晶等工艺打下一个良好的基础

◀ 评价与巩固

一、反思性问题

漆面抛光的作用有哪些？

答：

_____

_____

_____

_____

_____

_____

二、拓展性问题

有人说抛光是一门艺术，如何理解抛光的"艺术实质（作用机理）"？

答：

_____

_____

_____

_____

_____

三、操作能力考核表

项目	评价内容	评价等级（学生自评）		
		A	B	C
关键能力考核项目	遵守纪律、遵守学习场所管理规定，服从安排			
	安全意识、责任意识，5S 管理意识，注重节约、节能与环保			
	学习态度积极主动，能参加实习安排的活动			
	团队合作意识，注重沟通，能自主学习及相互协作			
	仪容仪表符合活动要求			
专业能力考核项目	按时按要求独立完成考核表			
	正确使用各种设备、工具及材料			
	正确完成汽车漆面抛光工艺流程			
	完成汽车漆面抛光作业的质量			
	正确穿戴劳动保护用品			
	双人作业中与同伴的配合默契度			
小组评语及建议		组长签名： 年　月　日		
老师评语及建议		教师签名： 年　月　日		

任务四　　　汽车漆面封釉

学习目标

能准确叙述汽车封釉的概念及作用。

能正确运用汽车漆面封釉的方法。

能单人高质量完成汽车漆面封釉的工艺流程。

任务描述

根据汽车美容项目的要求，美容技师选择合适的封釉产品及美容工具，在汽车美容工位按照规范的漆面封釉操作工艺，完成对全车封釉的操作过程。

◀ 学习地点

理论教室、汽车美容工位区。

◀ 学习准备

教具：多媒体设备。

工量具：气动封釉机、抛光毛巾、美纹纸、遮蔽膜、小毛刷等。

材料：品牌封釉产品（卡瓦科斯）。

劳动保护用品：工作服、围裙、劳保鞋。

◀ 需用知识

一、什么是釉？什么是汽车漆面封釉？

釉是一种从石油副产品中提炼出来的具有强抗氧化功能的高级液蜡，其特点是防酸、抗腐、耐高温、耐磨、耐水洗、高光泽度等。

汽车漆面护理中的封釉是指运用专用的振抛机将一种高分子结构的涂装剂压进车漆内部，使其形成一层坚固的网状结构，罩在漆面。首先它与空气隔绝，不被氧化；其次，内含紫外线反射剂使车漆不再被辐射而褪色；另外，釉中的静电吸收剂，排除静电，不易吸收灰尘，便于清理。

二、封釉的作用

1）抵抗紫外线。汽车的车漆犹如人的皮肤般娇嫩，如果长时间在太阳底下暴晒，很容易影响车漆的颜色。如果本身车漆不好，还可能会局部脱离。

2）防腐蚀。可以有效地抵抗酸雨、化学制剂、树胶等对车漆的伤害。

3）抗氧化。可以延缓车漆在大气下的氧化时间。

4）抗划痕。好的釉可以成为车漆的保护衣，可以阻挡外界对于车漆的损伤。比如说用掸子掸车身的土，洗车形成的轻微划痕。

5）防静电。

6）上光。

7）抗高温。

三、封釉与打蜡的区别

1）晶体釉不溶于水，可以弥补汽车打蜡后怕水的缺陷，长期保护汽车漆面。

2）封釉不损坏原有的车漆，封釉采用的是一种类似纳米的技术使流动的釉体在汽车漆面表层附着，并以透明状硬化，相当于给汽车漆面穿上一层透明坚硬的保护衣，因此可以起到保护漆面的作用。

3）封釉保护时间长。封釉可以保持一年以上，同时避免了经常洗车的烦恼，汽车表面的灰尘可以轻松擦去。

◈ 活动实施

汽车漆面封釉工艺流程

特别说明：本次学习任务针对作业车辆的前提是车况良好的新车或者经过抛光处理之后的漆面。如果是旧车作业，则要增加上一节学习任务中的漆面抛光操作。

一、实训工具及材料

实训工具及材料如图 1-16 所示。

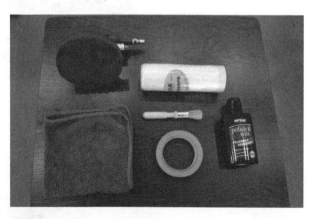

图 1-16　品牌车釉（卡瓦科斯）、气动封釉机、抛光毛巾、小毛刷、美纹纸、遮蔽膜

二、实训时间

实训时间为 30min。

三、实训教学目标

1）能正确使用汽车漆面封釉所用到的工具及材料。

2）能单人高质量完成汽车漆面封釉的工艺流程。

四、实训教学组织

1. 教学组织形式

每辆车安排两名学生参与实训，一人操作，另一人观察学习。

2. 学生站位分工和要求

两名学生为一组，先操作的学生为 1 号，另一人为 2 号。

3. 实训教师职责

讲解操作步骤和注意事项；下达"操作开始"口令；工位间巡视、检查、指导和纠正错误。

4. 学生职责变换

两名学生实行职责变换制度，即第一遍 1 号操作，第二遍 2 号操作。

五、实训操作步骤

第一步骤　车身遮蔽

车身遮蔽

要点：

使用遮蔽膜与美纹纸遮蔽。遮蔽主要部位为非抛光部位漆面覆盖部件，如前、后风窗玻璃、门拉手等

第二步骤　漆面封釉

1. 封釉的基本手法及顺序

要点：

将适量釉液滴到封釉海绵上，再将封釉机垂直放在漆面上均匀涂开，启动封釉机在漆面上进行直线往复的封釉操作

釉膜要做到薄厚均匀，每道涂布相应与上道涂布区域要有至少1/2的重叠

漆面封釉的顺序为：左前机盖→右前机盖→右前翼子板→右前车顶→右前车门→右后车顶→右后车门→右后翼子板→后机盖→后保险杠→左后翼子板→左后车顶→左后门→左前车顶→左前门→左前翼子板→前保险杠

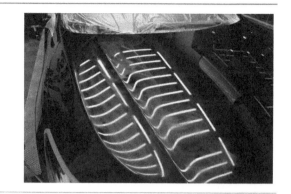

2. 前机盖封釉

要点：

前机盖封釉时，注意蜡尽量别封到前机盖与左、右前翼子板的缝隙里

3. 翼子板封釉

要点：

翼子板封釉时，注意蜡尽量别封到翼子板与前后车门、前后机盖的缝隙里

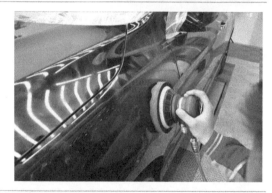

4. 车顶封釉

要点：

车顶封釉时，注意蜡尽量别封到车顶与前、后风窗玻璃的缝隙里以及天窗的塑料件上

5. 车门封釉

要点：

车门封釉时，注意蜡尽量别封到车门与前后翼子板、前后车门之间的缝隙里

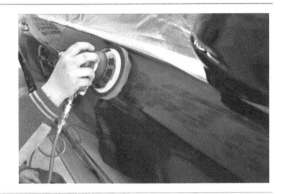

6. 后机盖封釉

要点：

后机盖封釉时，注意蜡尽量别封到后机盖与左、右后翼子板的缝隙里

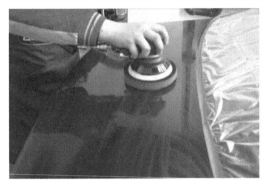

7. 保险杠封釉

要点：

前、后保险杠封釉时，注意蜡尽量别封到前、后保险杠与前、后机盖以及前、后两边翼子板的缝隙里

第三步骤　手工抛光

手工抛光

要点：

漆面封釉完成之后 5～10min 开始抛光。手工抛光的顺序同漆面封釉的顺序，要求将漆面完全擦亮，无釉膜残留

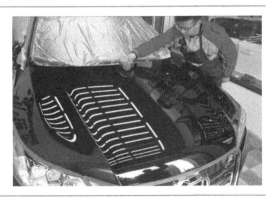

第四步骤　质检

质检

要点：

使用小毛刷将车漆缝隙（如车门亮条、油箱盖等）中的釉屑清理干净。要求使用小毛刷时力道要轻、不得将漆面刷毛，经处理后，全车漆面缝隙中无釉屑残留

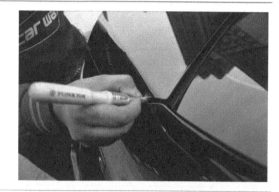

漆面封釉后效果　→

◀ 评价与巩固

一、反思性问题

什么是漆面封釉？

答：

二、拓展性问题

封釉与打蜡的区别在哪里？

答：

三、操作能力考核表

项目	评价内容	评价等级（学生自评）		
		A	B	C
关键能力考核项目	遵守纪律、遵守学习场所管理规定，服从安排			
	安全意识、责任意识，5S 管理意识，注重节约、节能与环保			
	学习态度积极主动，能参加实习安排的活动			
	团队合作意识，注重沟通，能自主学习及相互协作			
	仪容仪表符合活动要求			
专业能力考核项目	按时按要求独立完成考核表			
	正确使用各种设备、工具及材料			
	正确完成汽车漆面封釉工艺流程			
	完成汽车漆面封釉作业的质量			
	正确穿戴劳动保护用品			
小组评语及建议		组长签名： 年　月　日		
老师评语及建议		教师签名： 年　月　日		

任务五　　汽车漆面镀晶

学习目标

能准确叙述汽车镀晶的概念及作用。

能正确运用汽车漆面镀晶的方法。

能双人合作高质量完成汽车漆面镀晶的工艺流程。

任务描述

根据汽车美容项目的要求，美容技师选择合适的镀晶产品及美容工具，在汽车美容工位按照规范的漆面镀晶操作工艺，完成对全车镀晶的操作过程。

学习地点

理论教室、汽车美容工位区。

学习准备

教具：多媒体设备。

工量具：脱脂海绵、镀晶海绵、脱脂毛巾、抛光毛巾、美纹纸、遮蔽膜等。

材料：品牌镀晶产品（奥德尚）。

劳动保护用品：工作服、围裙、劳保鞋。

需用知识

一、什么是汽车漆面镀晶？

镀晶是近年来受关注度较高的汽车漆面护理方式，是在车漆表面形成一层多种强大保护晶体和紫外线过滤层，可提高漆面镜面光泽度和硬度，同时还可防止刮痕，防紫外线、酸雨、盐雾、沥青、飞漆、昆虫斑、鸟粪等有害物质对漆面的损害，犹如给车漆穿上了一件高科技"隐形车衣"，完全隔绝了灰尘、油污、霉菌、水分子等微粒对车漆的侵蚀，使漆面长期保持其原有光亮艳丽的色泽，是目前世界领先的汽车漆面养护技术，被称为第四代汽车美容的核心产品，也有专家认为是漆面镀膜的升级版。

二、漆面镀晶的作用及特点

1）镀晶硬度高。能在车漆形成坚固的保护层，令车漆不易被划伤。

2）渗透力强。它能非常容易融入车漆，容易清洁干净车漆上的所有不容易清洁部位，令车漆光洁如新。

3）附着力较强。即其镀膜层非常坚固，很难被洗掉，因此而起到长效保护车漆作用。

4）防紫外线较强。一般的车蜡、封釉产品、镀膜产品在紫外线照射下，蜡的养分流失得比较快，使车漆很容易出现干燥和光泽度降低。而镀晶产品中特有的防紫外线成分，能持久保护车漆里的养分不易流失，使车漆持久鲜艳，明亮。

5）令车漆立体感明显。一般的蜡膜的光亮度和鲜艳度是无法和镀晶产品相比的。车漆使用一般的蜡膜，看上去只是比较光亮，而使用镀晶工艺后，不但能使车漆光亮、鲜艳，而且立体感明显，车漆看上去耀眼夺目。

6）疏水自洁，保护车漆疏水荷叶效应。具有超强的疏水性、耐候性、防紫外线、防酸雨、防油污和各类细菌侵蚀、不氧化、不褪色，防锈蚀、风蚀，防辐射、防静电、抗高温。

7）易清洁、维护保养性。产品具有易清洗保养性，各种灰尘和各类污物直接使用清水（不加任何洗涤剂）冲洗后，车体表面就可恢复和保持晶莹透亮，即使物体表面粘有油污或飞虫浆液时，只需将湿毛巾直接擦拭物体表面就可轻松去除，同时节省洗车用水量50%以上。

◀ 活动实施

汽车漆面镀晶工艺流程

特别说明：本次学习任务针对作业车辆的前提是车况良好的新车或者经过抛光处理之后的漆面。如果是旧车作业，则要增加学习任务"汽车漆面抛光"中的漆面抛光操作。

一、实训工具及材料

实训工具及材料如图1-17所示。

图1-17 奥德尚镀晶产品（内含脱脂剂、脱脂海绵、镀晶海绵）、抛光毛巾

二、实训时间

实训时间为 50min。

三、实训教学目标

1）能正确使用汽车漆面镀晶所用到的工具及材料。

2）能双人配合高质量完成汽车漆面镀晶的工艺流程。

3）通过分工位合作完成实训任务培养学生之间的团队意识。

四、实训教学组织

1. 教学组织形式

每辆车安排 4 名学生参与实训，两名学生为一组。一组操作，另一组观察学习。

2. 学生站位分工和要求

将先操作的两名学生编为第一组，按照车头方向左边工位为 1 号、右边工位为 2 号进行编号，另外两名学生编为第二组。

3. 实训教师职责

讲解操作步骤和注意事项；下达"操作开始"口令；工位间巡视、检查、指导和纠正错误。

4. 学生职责变换

两名学生实行职责变换制度，即第一遍 1 号在左，2 号在右；第二遍 2 号在左，1 号在右。两遍操作完毕，第二组操作，第一组观察。

五、实训操作步骤

第一步骤 准备工作

准备工作

要点：

将相关的工具、材料准备到位

第二步骤　漆面脱脂

1. 漆面脱脂

要点：

将适量脱脂剂滴到专用抛光巾上，放在漆面以横竖交替的方式均匀涂开，涂层要做到薄厚均匀，每道涂布相应与上道涂布区域要有至少1/2的重叠

漆面脱脂1号、2号各操作车身一半。顺序为：前机盖→车顶→后机盖→后保险杠→后翼子板→后门→前门→前翼子板→前保险杠

2. 平面脱脂

要点：

平面脱脂采用先纵向、再横向的涂抹方式

3. 立面脱脂

要点：

立面脱脂与平面脱脂相反，采用先横向、再纵向的涂抹方式

第三步骤　漆面镀晶

1. 漆面镀晶

要点：

漆面脱脂工序完成后无须擦拭。约过 20min 之后开始漆面镀晶操作

将适量镀晶液滴到专用镀晶海绵上，放在漆面以横竖交替的方式均匀涂开，涂层要做到薄厚均匀，每道涂布相应与上道涂布区域要有至少 1/2 的重叠

漆面镀晶的顺序同漆面脱脂。1 号、2 号各操作车身一半。顺序为：前机盖→车顶→后机盖→后保险杠→后翼子板→后门→前门→前翼子板→前保险杠

2. 平面镀晶

要点：

平面镀晶同平面脱脂。采用先纵向、再横向的涂抹方式

3. 立面镀晶

要点：

立面镀晶同立面脱脂。采用先横向、再纵向的涂抹方式

第四步骤　手工抛光

手工抛光

要点：

手工抛光的顺序同漆面镀晶的顺序。要求将漆面完全擦亮，无任何痕迹残留

第五步骤　质检

质检

要点：

使用小毛刷将车漆缝隙（如车门亮条、油箱盖等）中的镀晶残液清理干净。要求使用小毛刷时力道要轻、不得将漆面刷毛，经处理后，全车漆面缝隙中干净无污物

漆面镀晶后效果 →

◆ 评价与巩固

一、反思性问题

什么是漆面镀晶？漆面镀晶的作用有哪些？

答：

二、拓展性问题

深度思考：为什么在漆面镀晶工艺中一定要加入"漆面脱脂"的工序？

答：

_____

_____

_____

_____

三、操作能力考核表

项目	评价内容	评价等级（学生自评）		
		A	B	C
关键能力考核项目	遵守纪律、遵守学习场所管理规定，服从安排			
	安全意识、责任意识，5S 管理意识，注重节约、节能与环保			
	学习态度积极主动，能参加实习安排的活动			
	团队合作意识，注重沟通，能自主学习及相互协作			
	仪容仪表符合活动要求			
专业能力考核项目	按时按要求独立完成考核表			
	正确使用各种设备、工具及材料			
	正确完成汽车漆面镀晶工艺流程			
	完成汽车漆面镀晶作业的质量			
	正确穿戴劳动保护用品			
	双人作业中与同伴的配合默契度			
小组评语及建议		组长签名： 年 月 日		
老师评语及建议		教师签名： 年 月 日		

任务六　　　汽车车室清洁护理

学习目标

能准确叙述汽车内室清洁护理的必要性。

能学会汽车内室各个部件的清洗方法。

能双人配合高质量完成汽车车室清洁护理的工艺流程。

任务描述

根据汽车美容项目的要求，美容技师选择合适的汽车车室清洁护理产品及美容工具，在汽车美容工位按照规范的汽车车室清洁护理操作工艺，完成对全车车室清洁护理的操作过程。

◈ 学习地点

理论教室、汽车美容工位区。

◈ 学习准备

教具：多媒体设备。

工量具：龙卷风喷枪、内饰毛巾、魔力海绵、小毛刷等。

材料：内饰清洗液。

劳动保护用品：工作服、围裙、劳保鞋。

◈ 需用知识

一、汽车内室清洁护理的必要性

车厢内饰部分平时受外界油、尘、泥沙及吸烟、乘客汗渍、空调循环等不良因素的影响，使车厢内空气受染，内饰中的地毯、真皮或丝绒座椅、空调风口、行李箱等处，经常接触潮湿的空气和水渍，使丝绒发霉、真皮老化，甚至产生难闻的气味，还会滋生细菌，既影响身心健康又不利于驾驶心境。因此，汽车车内室的清洁护理非常重要，一般每三个月应做一次全套室内专业护理。

二、常见的汽车内室清洁护理方法

1. 汽车车内室污垢种类与形成过程

（1）污垢的种类

1）水溶性污垢。有糖浆、果汁中的有机酸、盐、血液及黏附性的液体等。

2）非水溶性固体污垢。有泥、沙、金属粉末、铁锈、虿虫等。

3）油脂性污垢。有润滑油、漆类产品、油彩、沥青及食物油等。

（2）污垢的形成过程

1）黏附。污垢会在重力作用下停落或黏附在物件的表面。当有压力或摩擦力产生时，污垢也会渗透物件的表层，变得难以去除，如汽车玻璃及仪表台上的灰尘。

2）渗透。饮料或污水会渗透物件的表面，被物件所吸收，以致很难清除。如车门内饰板、后挡台、脚垫上的饮料或血渍等。

3）凝结。黏性污垢变干凝固后，会紧紧粘贴在物件表面，如汽车内饰丝绒、脚垫或地毯表面的轻油类污垢。

2. 去除污垢的方法

若想有效地清洗污渍，需要4个方面的相互配合，才能发挥最佳的清洁效果。

1）高温蒸汽。可以使极难去除的污垢，在清洗之前先软化，为手工清洁部件上的污渍做好准备。

2）水。用水可去除去水溶性污垢，但不能去除油脂性污垢，而且难以清洁触及不到的内部部件上的水溶性污垢。

3）清洁剂。能去除轻油脂及重油脂类污垢，使水分渗入内饰丝绒化纤制品。

4）动力。清洗汽车内室内部件时，拍打、刷洗、挤压等皆有助于去除污垢。

清洗按照使用设备的不同可以分为机器清洗和手工清洗。

三、汽车内室清洁护理小技巧（内饰件常见顽固污迹的清除）

1）霉。内饰件受污染未及时清洁导致霉变，对此进行清除时可用热肥皂水洗霉点，用冷水漂洗干净，再浸泡在盐水中，然后用专用清洗剂清洗擦干。

2）口香糖。口香糖清除时可用冰块使其硬化，然后用钝刀片刮掉，最后用清洗剂清洁擦干即可。

3）焦油。可先用冷水彻底刷洗，如难以去除干净，可用焦油去除专用清洗剂浸润一段时间，然后擦拭干净即可。

4）黄油、机油等。用专用的油污去除剂，从污迹周边向中心清洗，当污迹已经洗掉时，用毛巾擦干。

5）人造革裂口的修理。座椅、门边内衬等常使用人造革，在使用过程中，难免意外受伤，甚至出现裂口。对于这类破损，可采取以下方法进行修补：先用电吹风将裂口两边吹热，再将一块纤维布衬在裂口下面，并精心将裂口两边对齐，然后压平，最后将人造革修复液涂在修理部位上，待完全干后即可。

6）地毯破损的修补。汽车内饰地毯常见的破损形式为烧痕及裂口。在处理这类破损时，先将损坏部分的毛边切除，另找一块地毯（或在座椅下不显眼处切下一块）作补片，用胶将补片沿损坏部位毛边切除处粘接上，再用毛刷理顺接缝即可。

◀ 活动实施

汽车车室清洁护理工艺流程

一、实训工具及材料

实训工具及材料如图1-18所示。

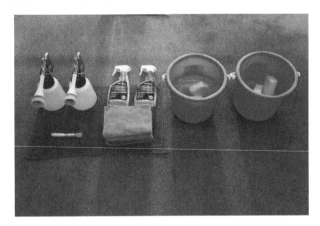

图1-18　龙卷风喷枪、内饰清洗液、内饰毛巾、魔力海绵、小毛刷、水桶

二、实训时间

实训时间为60min。

三、实训教学目标

1）能正确使用汽车车室清洁护理所用到的工具及材料。
2）能双人配合高质量完成汽车车室清洁护理的工艺流程。
3）通过分工位合作完成实训任务培养学生之间的团队意识。

四、实训教学组织

1. 教学组织形式

每辆车安排4名学生参与实训，两名学生为一组。一组操作，另一组观察学习。

2. 学生站位分工和要求

将先操作的两名学生编为第一组，按照车头方向左边工位为1号、右边工位为2号进行编号，另外两名学生编为第二组。

3. 实训教师职责

讲解操作步骤和注意事项；下达"操作开始"口令；工位间巡视、检查、指导和纠正错误。

4. 学生职责变换

两名学生实行职责变换制度，即第一遍 1 号在左，2 号在右；第二遍 2 号在左，1 号在右。两遍操作完毕，第二组操作，第一组观察。

五、实训操作步骤

第一步骤　室内除尘

1. 取出车内杂物

　　要点：

　　将车内一些杂物取出暂时放入收纳箱内。取出过程中要记得物品摆放的位置，便于操作完成后归于原位

2. 缝隙吹尘

　　要点：

　　分别使用吹尘枪将座椅、门板等缝隙中的灰尘吹出

3. 全车室内吸尘

　　要点：

　　应遵循从高到低的原则。首先进行顶棚的除尘，然后依次是仪表板、座椅、车门内侧及行李箱

　　地板吸尘要分两次操作，第一次吸掉沙粒，第二次更换带刷子的吸头，边刷边吸，主要吸掉灰尘

第二步骤　内饰清洁护理

1. 顶棚的清洁护理

要点：

将内饰清洗液喷到污垢处，稍停片刻，用干的洁净纯棉布或毛巾将顶篷中的丝绒清洁剂污液吸出，再从污迹边缘向中心进行擦拭

污垢严重时可多次重复以上操作，处理干净后用另一块干净的棉布顺着车顶的绒毛方向抹平，使其恢复本来的容貌

2. 仪表台、方向盘、中控面板的清洁护理

要点：

对仪表台、方向盘的清洁，只需将内饰清洗液喷涂并配合魔力海绵在仪表台轻轻擦拭，清洁、上光便一次完成，即可得到一个干净光亮的表面

如果个别部位积垢太多，无法清除时，可以喷洒专用塑料皮革清洁剂，然后用软毛刷刷除，再用沾有清水的毛巾擦拭，最后用麂皮吸去其上的水分

中控面板处有音响等电器设备，清洁时不能带有清洗液，只要用半干的毛巾轻轻擦拭即可

3.　座椅的清洁护理

要点：

对皮质座椅，将内饰清洗液喷到座椅表面，稍停片刻，用内饰毛巾仔细擦拭（擦拭时，不可将座椅弄得太湿，以免清洗液顺着接缝渗入座椅内部），从四周向中间逐渐进行，要注意座椅周围的装饰板也要清洁到位，再用一块干的软毛巾将其擦干；然后打开车门，使空气流通，晾干皮革上的水分

如皮革座椅不太脏时，可直接用真皮上光保护剂进行清洁上光护理

4.　门饰板的清洁护理

要点：

一般汽车的门饰板距离坐车人近，最容易因"手"而弄脏，而且油污等较多，可采用与座椅清洁相同的方式进行

5.　空调进出风口的清洁护理

要点：

空调系统的进出风口沾染的污垢比较简单，基本为粉尘沉降。由于空调通风口有栅格，清洁时可以用小的软毛刷配合进行仔细清洗

6. 地毯的清洁护理

要点：

地毯多为纤维织物制作，对于不可拆卸的地毯，可用泡沫清洗剂配合硬质毛巾进行清洁。如果地毯很脏，可使用专用地毯清洗液进行强力清洗

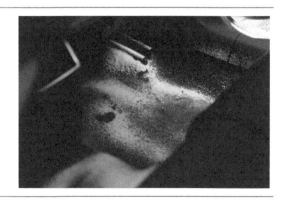

第三步骤 行李箱的清洁护理

行李箱的清洁护理

要点：

（1）行李箱的清洁主要是去除灰尘。对行李箱的密封条，可先用内饰清洗液配合魔力海绵清洁，然后用毛巾吸干水分

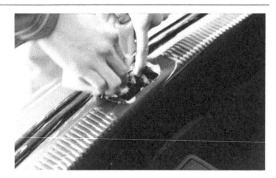

（2）对于铺设胶垫的行李箱，可用毛巾蘸上清洗液进行擦洗；对于铺设丝绒地毯的行李箱可按地毯的清洗方法进行清洁

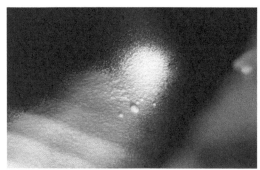

第四步骤 皮革上光保护

皮革上光保护

要点：

将真皮上光保护剂喷在打蜡海绵上，像打蜡一样，均匀涂在仪表台、座椅等皮革表面包括所有的塑料饰件，10min后用干毛巾擦干作为最后的上光处理

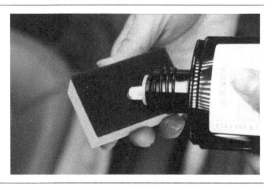

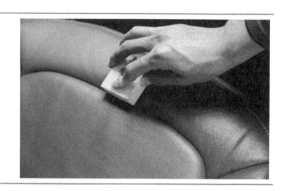

第五步骤　车内杂物复位

车内杂物复位
　要点：
　将收纳箱中取出的杂物放回车内原位

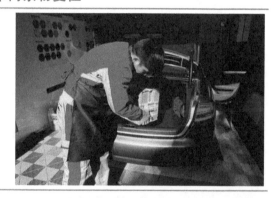

第六步骤　质检

质检
　要点：
　将全车各个内室件再仔细检查一遍，对于清洁
护理不到位的地方及时进行补救

◀ 评价与巩固

一、反思性问题

汽车内室中的污垢是如何形成的？
答：

_____

_____

_____

_____

二、拓展性问题

假如你是一名汽车美容店的导购人员，你会如何向客户推销汽车内室清洁护理项目？

答：

_____

_____

_____

_____

三、操作能力考核表

项目	评价内容	评价等级（学生自评）		
		A	**B**	**C**
关键能力考核项目	遵守纪律、遵守学习场所管理规定，服从安排			
	安全意识、责任意识，5S 管理意识，注重节约、节能与环保			
	学习态度积极主动，能参加实习安排的活动			
	团队合作意识，注重沟通，能自主学习及相互协作			
	仪容仪表符合活动要求			
专业能力考核项目	按时按要求独立完成考核表			
	正确使用各种设备、工具及材料			
	正确完成汽车车室清洁护理工艺流程			
	完成汽车车室清洁护理的质量			
	正确穿戴劳动保护用品			
	双人作业中与同伴的配合默契度			
小组评语及建议		组长签名： 　　　　　年　　月　　日		
老师评语及建议		教师签名： 　　　　　年　　月　　日		

项目二 汽车装饰

汽车装饰概述

◀ **学习地点**

理论教室。

◀ **学习准备**

教具：多媒体设备。
劳动保护用品：工作服。

◀ **需用知识**

随着人们生活水平的提高，个性化、独具风格的汽车装饰已成为现代人生活的时尚。在不改变汽车本身功能和结构的前提下，通过汽车外部装饰改变汽车外观，可使汽车更醒目、豪华。通过汽车内部装饰，可为车内营造温馨、舒适的空间，满足车主的个性化需求，使驾乘人员乘坐舒适、心情愉快。

一、汽车装饰的概念

汽车装饰是通过增加一些附属物品，以提高汽车外表和内室的美观性、增加某些功能的行为，如安装车身大包围增加车身的美观；加装倒车雷达来提高汽车倒车时的安全性等。

二、汽车装饰的分类

按汽车被装饰的部位分类，可分为汽车外部装饰和汽车内室装饰。

汽车外部装饰主要对汽车的顶盖、车身周围、车轮等部位进行装饰，其主要项目有大包围、尾翼、天窗、护杠的加装和车灯改色、底盘装甲等。

汽车内室装饰主要项目有汽车内室顶棚装饰、内护板装饰、汽车座椅装饰、汽车隔声、汽车功能用品加装等。

三、汽车装饰主要服务项目

1. 加装天窗

加装天窗的主要目的是有利于车厢内通风换气。车厢内的空气状况直接影响到乘坐的舒适性。对于没有天窗的汽车主要是靠侧窗进行通风换气，而打开侧窗后车外的尘土、噪声便会灌进车内。在冬夏季节，享受车内暖风和冷气时，窗外的寒气或热浪扑面吹来，会使人感到很不舒服，同时还破坏了空调的效果。加装天窗后能较好地克服上述不足，实现有序换气。另外，有了天窗还为驾车摄影、摄像等提供了便利条件。

2. 车身装饰

汽车车身装饰可分为三类。一是保护类，为保护车身安全而安装的装饰用品，如护杠、轮眉、大包围等；二是实用类，为弥补轿车载质量能力的不足而安装的装饰用品，如行李架、备胎架等；三是观赏类，为使汽车外部更加美观而安装的装饰用品，加彩条贴、金边贴等。在车身上粘贴形状、色彩各异的彩条贴膜，不仅能突出车身轮廓线，还能协调车身色彩，给人以丰富的联想和舒适的心理感受，使车身更加多彩艳丽。

3. 汽车座椅装饰

汽车座椅是车内占用面积最大、使用率最高的部件，为此对其装饰不仅要考虑到美观，还要考虑到实用。汽车座椅装饰主要是加装高级面料座椅套或更换为真皮座椅套。目前，国产车和经济型进口车出厂时多数没配置真皮座椅，为营造更舒适、温馨、高档次的车内空间越来越多的轿车更换真皮座椅套。

4. 桃木内饰

桃木内饰的特点是美观、高雅、豪华，其优美的花纹具有特殊的装饰效果。桃木内饰主要用于汽车内室仪表台、车门内饰、转向盘及变速杆等部位装饰。

5. 车内饰品装饰

车内饰品种类很多，按照与车体连接形式的不同可分为吊饰、摆饰和贴饰三种：

1）吊饰。吊饰是将饰品通过绳、链等连接件悬挂在车内顶部的一种装饰。

2）摆饰。摆饰是将饰品摆放在汽车仪表台上的一种装饰。

3）贴饰。贴饰是将图案和标语制在贴膜上，然后粘贴在车内的装饰。

6. 汽车隔声

汽车隔声就是利用各种减振、隔声、吸声、密封材料在汽车各部位的粘贴，将车厢内的噪声消除到最低程度。汽车隔音不仅带来车内安静、舒适的驾乘环境，更能较大地优化车内的视听环境。

◀ 评价与巩固

一、反思性问题

什么叫汽车装饰？

答：
_____

_____

_____

_____

二、拓展性问题

汽车装饰有哪些主要服务项目？

答：
_____

_____

_____

_____

任务一　　汽车座垫的安装

● 学习目标

能准确叙述汽车座垫的功能。

能单人高质量完成汽车座垫加装的工艺流程。

● 任务描述

根据车主对汽车驾驶舒适性的要求，装饰技师在汽车装饰工位按照规范的操作工艺，在一定的时间内，完成汽车座垫安装项目的操作过程，以达到车主满意的效果。

◀ 学习地点

理论教室、汽车装饰工位区。

◀ 学习准备

教具：多媒体设备。

材料：品牌汽车座垫（通用型）。

劳动保护用品：工作服、劳保鞋。

◀ 需用知识

一、汽车座垫的功能

汽车座垫是置于座椅之上，用于提高座椅舒适性和耐磨性的一种装饰。它有如下功能：

1. 提高舒适性

柔软的汽车座垫使身体与座椅更好地贴合，可减轻汽车颠簸产生的振动，减轻旅途疲劳。

2. 改善透气性

夏季使用的硬塑料或竹制品座垫具有良好的透气性，给人以凉爽感觉，有降温消汗的功效。

3. 增强保健性

汽车保健座垫可通过振动按摩或磁场效应，改善乘员局部的新陈代谢，促进血液循环，消除紧张和疲劳，达到保健的目的。

4. 方便清洗

汽车座垫可方便地拆卸和清洗，从而使座椅保持洁净。

二、汽车座垫的种类

1. 按功用分类

汽车座垫按功用不同可分为保暖座垫、清凉座垫、保健座垫及电热座垫。

（1）保暖座垫

保暖座垫主要由棉、毛及化纤等材料制成，具有柔软、舒适、韧性强等特点，在冬季使用具有很好的保暖作用。

（2）清凉座垫

清凉座垫主要由竹、木、石、藤及亚麻等材料制成，具有极好的透气性，是高温季节防暑降温的佳品。

（3）保健座垫

保健座垫是根据人们保健需求制成的高科技产品，当驾乘人员随汽车颠簸振动时可起到自动按摩效果，另外座垫的磁场效应对人体保健也大有益处。

（4）电热座垫

电热座垫是在保暖座垫中加入电热装置，使座垫温度升高，保暖效果更佳。

2. 按制作工艺分类

汽车座垫按制作工艺不同可分为纺织座垫、编织座垫及帘式座垫。

（1）纺织座垫

纺织座垫主要由棉、麻、毛及化纤等原料经纺织缝纫加工而成。棉麻混纺座垫具有透气性能优良、韧性强、易于日常清洁护理等特点；棉毛混纺座垫具有柔软、舒适、透气性能好等特点；化纤混纺座垫具有透气性好、价格低的特点，但易产生静电。

（2）编织座垫

纺织座垫是采用草、麻、藤等原料经编织加工而成。

（3）帘式座垫

帘式座垫一般用硬塑制品或竹制品串联而成，其透气性极佳，适用于高温季节或车室空调环境不良的情况下。

三、汽车座垫的选择

1. 根据气温条件选用

当气温不高时应选用纺织座垫，利于保温，并提高舒适性；高温季节应选用帘式座垫，便于防暑降温。

2. 根据汽车档次选用

中、高档轿车可选用材质较好的纯毛座垫或保健座垫，另外中高档轿车空调效果较好，高温季节也不必使用帘式座垫，以便提高乘坐的舒适性。

3. 根据座椅结构选用

汽车座椅的大小和外形不尽相同，应选择与座椅配套的座垫。对于真皮座椅必须选择有柔软底衬布的座垫。由于真皮的可塑性较低，当选用清凉座垫，尤其是高档的串珠座垫时，应检查座垫底部衬布是否柔软，否则将使真皮产生凹坑，影响真皮座椅的美观。

◀ 活动实施

汽车座垫安装工艺流程

一、实训材料

实训材料如图 2-1 所示。

图 2-1 汽车座垫

二、实训时间

实训时间为 20min。

三、实训教学目标

能单人高质量完成汽车座垫安装的工艺流程。

四、实训教学组织

1. 教学组织形式

每辆车安排两名学生参与实训，一人操作，另一人观察学习。

2. 学生站位分工和要求

两名学生为一组，先操作的学生为 1 号，另一人为 2 号。

3. 实训教师职责

讲解操作步骤和注意事项；下达"操作开始"口令；工位间巡视、检查、指导和纠正错误。

4. 学生职责变换

两名学生实行职责变换制度，即第一遍 1 号操作，第二遍 2 号操作。

五、实训操作步骤

第一步骤　前排座椅座垫安装

1. **取出前排座垫**

　要点：

　取出座垫分别放置在正、副驾驶人座椅上

2. **套入背心及头套**

　要点：

　套入背心、头套时，注意位置要套正，与座椅相服帖

3. **安装卡盘**

　要点：

　取出卡盘并安装好

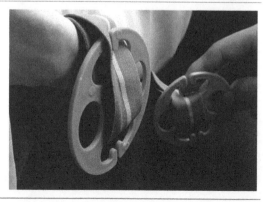

4. 靠背固定

要点：

将卡盘塞入座椅缝隙中穿至座椅后面

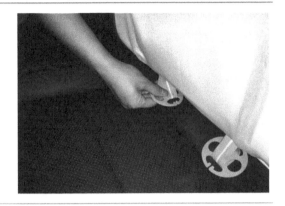

要点：

将卡盘竖直放置卡住座垫，让座垫不会向前
移动

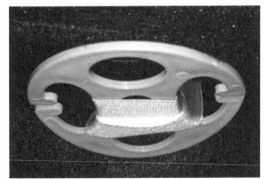

5. 调整围裙

要点：

把汽车座垫前面的两个小钩环钩入座椅下面铁
条处，然后调整好围裙的位置

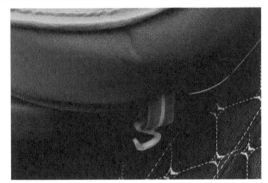

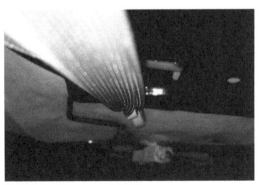

6. 整体效果调整

要点：

把大致安装好的座垫拉平，进一步调整座垫的位置，与座椅相服帖

前排座椅安装完成后效果 →

第二步骤 后排座垫安装

1. 取出后排靠背座垫并套入

要点：

取出后排靠背座垫套入，套入头套时注意位置要套正，与座椅相服帖。有部分车的后排头枕和座椅是连体的，直接套上即可

2. 安装卡盘

要点：

取出卡盘并安装好

3. 扶起后排长座椅

要点：

后排长座椅的扶起方式因车型而异，有的可以直接扶起，有些需从底部往上掀起，有些则需要拆卸螺钉

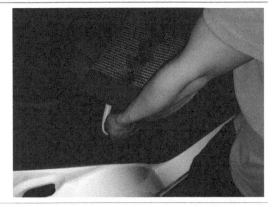

4. 套入后排长座垫

要点：

汽车后排长座垫和后靠分开后，将长座垫通过汽车座垫上的卡扣从下面穿过并固定好

5. 后排长座椅复位

要点：

把后排长座椅安装好，注意安全带要复位。然后再把汽车后排长座垫和后靠背垫的卡扣插入缝隙中固定

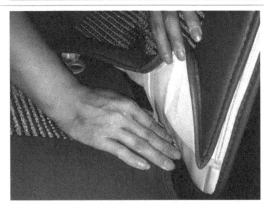

6. 整体效果调整

要点：

把大致安装好的座垫拉平，进一步调整座垫的位置，与座椅相服帖

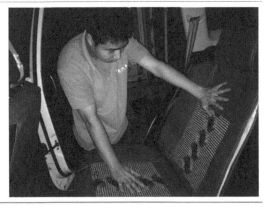

后排座椅安装完成后效果 →

◀ 评价与巩固

一、反思性问题

汽车座垫的功能有哪些？

答：

_____

_____

_____

_____

_____

_____

二、拓展性问题

针对不同的情况，该如何正确地选择汽车座垫？

答：

_____

_____

_____

_____

_____

_____

三、操作能力考核表

项目	评价内容	评价等级（学生自评）		
		A	B	C
关键能力考核项目	遵守纪律、遵守学习场所管理规定，服从安排			
	安全意识、责任意识，5S 管理意识，注重节约、节能与环保			
	学习态度积极主动，能参加实习安排的活动			
	团队合作意识，注重沟通，能自主学习及相互协作			
	仪容仪表符合活动要求			
专业能力考核项目	按时按要求独立完成考核表			
	正确完成汽车座垫安装的工艺流程			
	完成汽车座垫安装作业的质量			
	正确穿戴劳动保护用品			
小组评语及建议		组长签名： 年　　月　　日		
老师评语及建议		教师签名： 年　　月　　日		

任务二　　　车灯改色膜的张贴

学习目标

能准确叙述车灯改色膜的特点。

能正确使用张贴车灯改色膜所需的工具。

能单人高质量完成车灯改色膜张贴的工艺流程。

任务描述

根据车主对汽车车灯保护及装饰的要求，装饰技师在汽车装饰工位按照规范的操作工艺，在一定的时间内，完成车灯改色项目的操作过程，以达到车主满意的效果。

◉ 学习地点

理论教室、汽车装饰工位区。

◉ 学习准备

教具：多媒体设备。

设备：裁膜台

工量具：裁膜垫、美工刀、钢直尺、无纺布、烤枪、刮板等。

材料：车灯改色膜、清洁剂。

劳动保护用品：工作服、劳保鞋。

◉ 需用知识

一、什么是车灯改色膜

车灯改色膜是一种自粘贴膜，可以直接粘贴在车灯外表面上，具有改色装饰及保护的作用，贴膜后可摆脱乏味白光，换上多彩世界，彰显个性，同时它对高速行驶中外界碎石的侵害具有卓越功效。这种抗冲击膜的设计意图是减少车灯在日常行驶中受到损伤与冲击，并实现装饰的效果。

二、车灯改色膜的特点

1) 替代高价彩色灯泡的首选材料，优质的车灯改色膜均为环保产品，对环境无任何污染。

2）透光率达 95% 以上，使用年限为 5~7 年。

3）安装方便，黏性强，不影响原有光源，洗车没问题。

4）具有强韧的保护作用，防划耐磨、坚固耐用，保护车灯不老化、防止龟裂等。

5）优异的光学透明黏性，可有效透光散热，保证车灯始终如一的效果。

6）适合 DIY 操作。

三、车灯改色膜的张贴部位

车灯改色膜的张贴部位有汽车前照灯、雾灯、尾灯、转向灯等光源部位。

◀ 活动实施

车灯改色膜张贴工艺流程

一、实训设备、工具及材料

实训设备、工具及材料如图 2-2~图 2-4 所示。

图 2-2 裁膜台

图 2-3 烤枪、钢直尺、美工刀、刮板、清洁剂

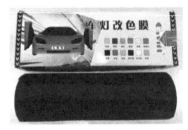

图 2-4 车灯改色膜

二、实训时间

实训时间为 30min。

三、实训教学目标

1）能正确使用张贴车灯改色膜所需的工具。

2）能单人高质量完成车灯改色膜张贴的工艺流程。

四、实训教学组织

1. 教学组织形式

每辆车安排两名学生参与实训，一人操作，另一人观察学习。

2. 学生站位分工和要求

两名学生为一组，先操作的学生为 1 号，另一人为 2 号。

3. 实训教师职责

讲解操作步骤和注意事项；下达"操作开始"口令；工位间巡视、检查、指导和纠正错误。

4. 学生职责变换

两名学生实行职责变换制度，即第一遍 1 号操作，第二遍 2 号操作。

五、实训操作步骤

第一步骤　膜片初裁

膜片初裁

要点：

先量好灯的尺寸，根据量好的尺寸初裁时多裁出 3 ~ 5cm

第二步骤　车灯表面清洁

车灯表面清洁

要点：

使用清洁剂配合无纺布将车灯表面和周围清洁干净，以免灰尘进入

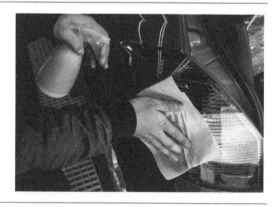

第三步骤　膜片张贴

1. 膜片定位

要点：

　　将改色膜自然贴到车灯上，位置固定好之后，开启烤枪，准备烘烤

2. 膜片烘烤

要点：

　　将烤枪温度调至300℃开始进行烘烤。烘烤时一边拉起膜片一边用烤枪加热，注意不可在同一个地方加热时间过长，防止膜片被烤焦

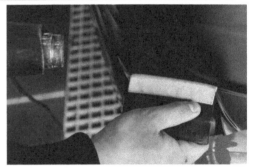

3. 膜片精裁

要点：

　　膜片完全贴好后，用美工刀把多余的部分裁掉，边缘要稍微留出一些余量

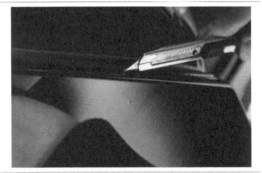

4. 二次烘烤

要点：

　　再用烤枪适当加热，让膜片更好地贴合车灯的弧度

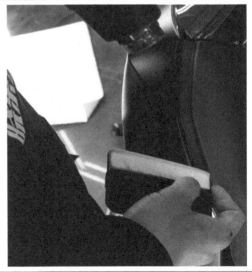

5. 边缘修整

要点：

膜片完全贴好后，用刮板将边缘多余部分压进车灯表面内侧，要与周围车漆隔离，不能贴到漆面上

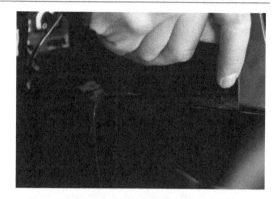

车灯改色膜张贴后效果 →

◉ 评价与巩固

一、反思性问题

什么是车灯改色膜？它的特点有哪些？

答：

_____

_____

_____

二、拓展性问题

在车灯改色膜的张贴工艺中，为什么要使用烤枪这一重要工具？

答：

_____

_____

_____

三、操作能力考核表

项目	评价内容	评价等级（学生自评）		
		A	B	C
关键能力考核项目	遵守纪律、遵守学习场所管理规定，服从安排			
	安全意识、责任意识，5S 管理意识，注重节约、节能与环保			
	学习态度积极主动，能参加实习安排的活动			
	团队合作意识，注重沟通，能自主学习及相互协作			
	仪容仪表符合活动要求			
专业能力考核项目	按时按要求独立完成考核表			
	正确使用张贴车灯改色膜所需的工具			
	正确完成车灯改色膜张贴的工艺流程			
	完成灯改色膜张贴作业的质量			
	正确穿戴劳动保护用品			
小组评语及建议		组长签名： 年　月　日		
老师评语及建议		教师签名： 年　月　日		

任务三　　底盘装甲的施工

学习目标

能正确分析底盘损伤的类型及成因。

能准确叙述底盘装甲的作用。

能单人高质量完成底盘装甲施工的工艺流程。

任务描述

根据底盘防锈的技术要求，装饰技师在汽车维修工位按照规范的底盘装甲操作工艺，在一定的时间内，完成对底盘装甲施工的操作过程，以达到底盘防锈的目的。

学习地点

理论教室、汽车维修工位区。

学习准备

教具：多媒体设备。

设备：举升机

工量具：底盘装甲专用喷枪、十字扳手、遮蔽报纸、遮蔽膜等。

材料：底盘装甲产品。

劳动保护用品：喷涂服、防溶剂手套、防溶剂口罩、劳保鞋。

需用知识

一、汽车底盘的损伤

1. 碰撞损伤

汽车底盘处于车身的最底部，离地面最近，极易受到碰撞、刮擦。碰撞轻微损坏金属会造成锈蚀，碰撞严重会损坏底盘零件，比如刮坏油底壳、地板、副车架、稳定杆，撞坏纵梁、转向横拉杆、半轴等，会造成机油泄漏、车身变形、车辆跑偏等后果，直接影响到车辆的正常行驶。

2. 锈蚀损伤

1）车辆长时间行驶附着油污，影响散热，还会腐蚀车体。

2）因轻微意外或碎石碰撞而划破表面烤漆防护层，以致造成锈蚀。

3）冬季除了气候寒冷的因素外，一些北方城市播撒的融雪剂中一些化学药剂对汽车底盘也会造成一定的腐蚀。

4）雨天路湿，车辆下侧的空隙处特别容易积存污泥，导致生锈的地方。

5）车体嵌板部分、凹处与其他部位聚积含水分的泥土与碎泥会加速锈蚀。

6）潮湿的地毯使汽车内部无法完全干燥，造成地板锈蚀。

二、什么是底盘装甲

使用专用的喷枪，将一种高附着性的聚氯乙烯树脂涂料分多次喷涂在汽车底盘上，形成约4mm厚的防护层，其效果如同给底盘披上了一件优质坚韧的盔甲，对底盘做的这种特殊处理称为"底盘装甲"。这种涂料的主要成分是聚氯乙烯树脂（PVC）、增塑剂、调节剂、颜料等经机械混合形成的一种原浆涂料。该涂料固体含量高，抗剪切力强，具有高附着性、高弹性，同时具有防腐、防潮的能力。喷涂在底盘上，不仅可以使底盘与外界隔绝，还有防腐、防锈、防撞、防振、隔绝底盘噪声的功能。

三、底盘装甲的作用

（1）防腐蚀

雨水、雪水、洗车污水等残留在车辆底部，长久下去就会腐蚀汽车底盘。如果对汽车底盘进行装甲，即便是酸雨、融雪剂、洗车污水等，都不容易侵蚀透防护膜。

（2）防撞击

车辆在行驶的过程中，意外刮伤底盘钣金，溅起的小石子可能会击破车底金属漆膜，锈蚀底盘。有了底盘装甲后，车辆底盘装甲喷涂材料的厚度可达2mm以上，能抵抗较大的冲击力，可有效地减轻突起物对底盘的伤害，减小底盘损坏和锈蚀的可能性。

（3）防振动

发动机、车轮均固定在底盘上，它们的振动在某一频率上会与底盘共振，使人产生很不舒服的感觉，而底盘装甲能在一定程度上消除共振。

（4）降温、节省燃油

在冬季，打开车内空调后，冷热空气大多集中在车辆的地板上进行交换。如果汽车做了底盘装甲，其膜内的石英砂会将冷热空气有效隔离，保证车内温度恒定。夏季开空调后，底盘装甲可以隔绝外界热气的蒸烤，有效保持车内温度，从而节省燃油。

（5）隔声降噪

车辆快速行驶在道路上，车轮与路面的摩擦声与速度成正比，底盘装甲具有较好的底部防护，起到降低车内噪声的作用。

现代轿车在出厂前均进行过底盘装甲处理，但有些车辆厂家出于成本考虑，采用的底盘防护工艺和材料往往比较简单，对底盘只喷上了薄薄一层普通PVC材质，部分车型甚至只在底盘局部喷涂。车辆在使用过程中，车身底部容易受到地面、石块等的擦伤，底盘装甲容易遭到破坏，因此需要进行专业的底盘装甲作业来加固。

另外，底盘装甲不能用简单的防锈处理来代替，例如在底盘上涂一层油脂来隔离水分，这样做只能维持一段时间。随着汽车行驶里程的增加，油脂会不断蒸发、黏附灰尘，防锈效果会逐渐消失，黏附的灰尘、油污等会造成新的腐蚀。

◈ 活动实施

底盘装甲施工工艺流程

一、实训设备、工具及材料

实训设备、工具及材料如图2-5和图2-6所示。

图2-5 举升机

图2-6 底盘装甲专用喷枪、十字扳手、
遮蔽报纸、遮蔽膜

二、实训时间

实训时间为50min。

三、实训教学目标

1）能正确使用底盘装甲专用喷枪进行喷涂。
2）能单人高质量完成底盘装甲施工的工艺流程。

四、实训教学组织

1. 教学组织形式

每辆车安排两名学生参与实训，一人操作，另一人观察学习。

2. 学生站位分工和要求

两名学生为一组，先操作的学生为1号，另一人为2号。

3. 实训教师职责

讲解操作步骤和注意事项；下达"操作开始"口令；工位间巡视、检查、指导和纠正错误。

4. 学生职责变换

两名学生实行职责变换制度，即第一遍由 1 号操作，第二遍由 2 号操作。

五、实训操作步骤

第一步骤　底盘冲洗

底盘冲洗

　要点：

　用高压水枪清洗底盘表面，专除黏附于底盘上的泥沙和尘土。注意要对底盘全面清洗

第二步骤　车轮拆卸

车轮拆卸

　要点：

　将车辆停放于施工现场的汽车举升机上，固定好支撑点

　用十字扳手卸下四个车轮，并给各轮注明相应位置，便于最后的安装复位

第三步骤　举升车辆

举升车辆

　要点：

　升起车辆至适当的施工位置，继续对底盘表面进行清洗，去除锈迹和拐角部位积聚的尘土

第四步骤　轮弧清洗

轮弧清洗

要点：

用水冲洗轮弧，挡泥板及挡泥板衬边。对于顽垢可以用刷子刷洗

要点：

用压缩空气吹干清洗过的各部位。对于难以吹干的部位，用毛巾擦干

第五步骤　遮蔽工作

1. **材料准备**

要点：

准备好报纸、遮蔽膜及胶带纸，便于接下来的遮蔽工作

2. **轮毂遮蔽**

要点：

用报纸将轮毂包住，以避免被喷涂材料玷污

3. 轮弧遮蔽

要点:

做好轮弧内侧及车身周围的裙部遮蔽,避免被喷涂材料玷污

4. 底盘遮蔽

要点:

将车辆油漆部分和底盘的油管、排气管等部位遮蔽

5. 地面遮蔽

要点:

在施工场地上铺好遮蔽膜,有利于施工后的清洁

第六步骤 喷涂施工

1. 轮弧喷涂

要点:

(1) 先对车辆翼子板进行喷涂,使用前充分摇晃容器

注意:操作人员施工时一定要做好必要的防护措施

（2）喷涂之后，防撞防锈底漆应均匀分布，并有足够厚度

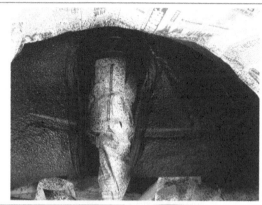

2. 底盘喷涂

要点：

再对车辆底盘进行喷涂，步骤同翼子板的喷涂

3. 轮弧、底盘二次喷涂

要点：

（1）约30min之后，对轮弧、底盘进行第二次喷涂

（2）作业之后，等待喷涂部位表干。底盘装甲应分布均匀，呈黑色颗粒状

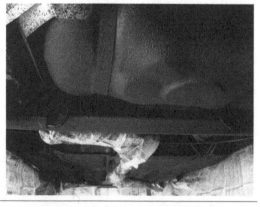

第七步骤　撤掉遮蔽

撤掉遮蔽

要点：

取下遮蔽报纸、撤掉地面遮蔽膜，并做好场地清洁工作

操作时须保证对非施工部位的遮蔽保护，以防因喷涂而影响车辆的性能

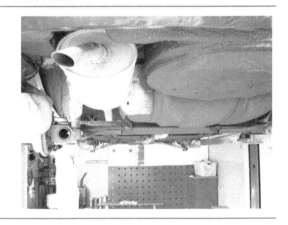

第八步骤　复装车轮

复装车轮

要点：

完成施工，装复车轮

最后降下举升机，将车辆移开

◀ 评价与巩固

一、反思性问题

什么是底盘装甲？它的作用有哪些？

答：

二、拓展性问题

汽车底盘的损伤有哪些类型？分别会造成怎样的后果？

答：

三、操作能力考核表

项目	评价内容	评价等级（学生自评）		
		A	B	C
关键能力考核项目	遵守纪律、遵守学习场所管理规定，服从安排			
	安全意识、责任意识，5S 管理意识，注重节约、节能与环保			
	学习态度积极主动，能参加实习安排的活动			
	团队合作意识，注重沟通，能自主学习及相互协作			
	仪容仪表符合活动要求			
专业能力考核项目	按时按要求独立完成考核表			
	正确使用底盘装甲专用喷枪			
	正确完成底盘装甲施工的工艺流程			
	完成底盘装甲施工作业的质量			
	正确穿戴劳动保护用品			
小组评语及建议		组长签名： 年　月　日		
老师评语及建议		教师签名： 年　月　日		

项目三　汽车车窗贴膜

汽车太阳膜概述

◆ **学习地点**

理论教室。

◆ **学习准备**

教具：多媒体设备。
劳动保护用品：工作服。

◆ **需用知识**

一、什么是汽车太阳膜

汽车太阳膜，又称为隔热膜、防爆膜，是很薄的聚酯薄膜 PET 基材（聚乙烯对苯二酸酯），经深层染色、真空镀铝、磁控溅射、金属化镀膜、胶层合成处理等多种工艺，粘贴在玻璃表面，使普通玻璃具有优越的隔热、防爆、隔紫外线、装饰、私密等功能的新型复合材料。

二、汽车太阳膜的发展史

第一代：传统染色膜

染色膜俗称茶纸，其特点是没有金属涂层，只在胶中加了染色剂，来避免眩光；可见光透射率低，隔热性能差，红外线 90% 穿透；容易褪色（通常变为紫色），并且在长期使用后易起泡、卷边；低廉的胶内含有大量影响人身体健康的物质。

第二代：金属反光薄膜

通过反射可见光达到隔热目的，其特点是高反射性或类似于镜面外观，容易造成光污染；大多数都是单层金属喷涂，且金属涂层不均匀；部分材料是由蒸发处理而成（例如：铝）或是通过溅射喷涂工艺而成（例如：钛）；不具备光谱选择性；高透光的同时不会阻隔大部分热量；隔热性能提高的同时又会影响可见光的穿透。

第三代：吸热型薄膜

热控性能稍有提升，其特点是在胶中加入吸热的化学品，以在短时间内产生似乎很优异的隔热效果，饱和之后会产生二次辐射，远红外线对人体的危害更为严重；不具光谱选择性—高透光的同时不会阻隔大部分热量；隔热性能提高的同时又会影响可见光的穿透；演示时具隐蔽性，因短暂的热量不会暴露其缺陷，以达到蒙蔽消费者的目的。

第四代：智能光谱选择薄膜

使用磁控溅射工艺生产，是具有光谱选择功能的智能薄膜，其特点是保证隔热性能优异的同时最大限度地允许可见光透过；由贵金属（银、氧化铟、金）多涂层溅射而成，反射而非吸收热量，不会产生二次辐射现象。此技术被美国权威科学杂志《大众科学》评选为千年以来 100 大发明之一。

三、如何选择汽车太阳膜

1）手感。劣质膜采用普通聚酯薄膜作为基材，由于内部结构松散，易染色，强度低，所以没有弹性，缺乏韧性，易起皱。优质膜质地摸上去厚实、平滑，结构致密，强度高，因而安全性高、防爆性能出色。

2）色泽。劣质膜以染色工艺为主，因此这些颜料都吸附于薄膜表面，颜色均匀性与稳定性差，色差严重，更容易褪色和变得模糊。而优质膜采用磁控溅射工艺制造，不仅色泽均匀，视觉清晰度高、通透性极佳。

3）防划伤。劣质膜表面没有防划层，在升降车窗或用手擦拭时，容易出现划痕；如用酒精、汽油等轻轻擦拭 1min，就会出现脱色现象。而优质膜表面都有专业防划层，不仅更耐划痕，不易划伤，而且用酒精、汽油等擦拭后，也不会出现脱色现象。

4）原厂质保。只有生产厂商出示的质保卡才是原厂膜的真正标记。

四、汽车太阳膜的结构（以智能光谱选择薄膜为例）

图 3 –1 是汽车太阳膜基本结构。

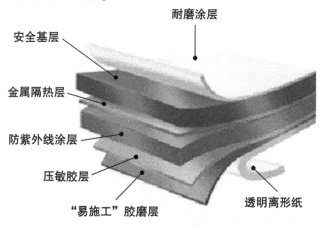

图 3 –1　汽车太阳膜基本结构

1）耐磨涂层。该层的材料是透明的丙烯酸，非常坚韧，涂布在隔热膜外层，非常耐刮擦。经常清洗玻璃时不容易产生刮痕，使玻璃看上去经久如新。

2）安全基层。该层的材料是透明的聚氨酯，透明而且有非常强的抗冲击能力，能长期有效地保护车内乘客安全，万一在受到外来冲击力的影响下，该安全基层能起到阻挡冲击，减少外来伤害的作用。同时，该安全基层能够有效地过滤阳光和对方远光中的眩光，使车主更舒适安全。

3）金属隔热层。该层的结构是将铝、银等金属分子通过溅射的方式涂布在安全基层上，这些金属层有选择地将阳光中的红外线反射回去，从而达到隔热的效果（红外线是主要的热量来源），节约燃油。

4）防紫外线涂层。该涂层能将阳光中99%的UVA和UVB（即紫外线A和紫外线B）隔断，从而达到保护汽车内饰及车内乘客免受紫外线侵害的作用。

5）压敏胶层。该层是汽车太阳膜品质的重要保障，既要非常清晰，不影响驾驶人的视野，又要能抵抗紫外线，不变色，同时还要有非常强的黏结力，在发生一定外来冲击的情况下，隔热膜能够将破碎的玻璃黏附住，不至于伤害乘客。

6）"易施工"胶磨层。该层主要由玻璃状的粘胶组成，目的是在汽车膜施工过程中使得膜在玻璃上易于移动，方便施工，而一旦定型结束，只要用刮板用力施压，玻璃微珠状的黏膜破裂，从而更加有效地增加隔热膜和玻璃的黏结力。

7）透明离形纸。该层的材料是可以剥离掉的隔离层，主要保护汽车膜层，在给汽车施工过程中会将该层剥离掉。

五、汽车车窗贴膜的七大功能

1）隔热防晒。贴膜能很好地解决红外线产生的大量热量，车身的温度大大降低了，车内的温度亦是如此。

2）隔紫外线。紫外线中的中波、长波能穿透很厚的玻璃，贴上隔热膜能隔断99%的紫外线，防止皮肤受伤害，也能减轻汽车内饰老化。

3）安全与防爆。膜的基层为聚酯膜，有非常耐撕拉防击穿的功能，防止玻璃意外破碎对乘员造成二次伤害。

4）营造私密空间。贴膜后，车外看不清车内，但不影响车内看车外的风景，可以有效地保留隐私和安全。

5）降低空调能耗。贴上隔热膜后，空调制冷能力损失减少，能一定程度上防止车内温度过高，达到降低空调能耗的作用。

6）提升美观度。根据个人喜好，通过贴膜能彰显个性，提升美观度。

7）防眩光。保持眼睛舒适，降低因为眩光因素造成的意外情况。

◀ 评价与巩固

一、反思性问题

汽车车窗贴膜的七大功能分别是哪些？

答：

_____

_____

_____

_____

二、拓展性问题

请描述汽车太阳膜的结构（以智能光谱选择薄膜为例），以及各个涂层相应的作用。

答：

_____

_____

_____

任务一　　汽车小三角风窗贴膜

学习目标

能正确使用汽车小三角风窗贴膜所需的各种工具。

能单人高质量完成汽车小三角风窗贴膜的工艺流程。

任务描述

根据车主的贴膜项目要求，贴膜技师利用专业的汽车贴膜工具，在无尘贴膜工位按照规范的汽车小三角风窗贴膜操作工艺，在一定的时间内，对汽车完成汽车小三角风窗贴膜项目的操作过程。

学习地点

理论教室、无尘贴膜工位区。

学习准备

教具：多媒体设备。

设备：裁膜台。

工量具：钢尺、小刮板、软刮板、挤水刮板、喷壶、美工刀、刀片、无纺布等。

材料：车膜、强生婴儿沐浴露、塑料纸。

劳动保护用品：防静电工作服、劳保鞋。

活动实施

汽车小三角风窗贴膜工艺流程

一、实训设备、工具及材料

实训设备、工具及材料如图3-2所示。

二、实训时间

实训时间为10min。

三、实训教学目标

1）能正确使用汽车小三角风窗贴膜所

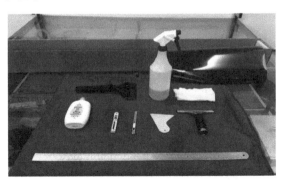

图3-2　裁膜台、车膜、钢尺、小刮板、软刮板、挤水刮板、美工刀、刀片、喷壶

需的各种工具。

2）能单人高质量完成汽车小三角风窗贴膜的工艺流程。

四、实训教学组织

1. 教学组织形式

每辆车安排 4 名学生参与实训，两名学生为一组。一组操作，另一组观察学习。

2. 学生站位分工和要求

两名学生为一组，按照车身方向左边小三角窗工位为 1 号，右边小三角风窗工位为 2 号。

3. 实训教师职责

讲解操作步骤和注意事项；下达"操作开始"口令；工位间巡视、检查、指导和纠正错误。

4. 学生职责变换

两名学生实行职责变换制度，即第一遍 1 号在左，2 号在右；第二遍 2 号在左，1 号在右。两遍操作完毕，第二组操作，第一组观察。

五、实训操作步骤

第一步骤　准备工作

1. **工位准备**

要点：

车辆进入工位之前，参训学生将卫生清理干净，排除障碍物，准备好相关的工具、材料等

培养良好的工作习惯，充分做好事前准备，有利于安全操作和提高工作效率

2. **工具准备**

要点：

将汽车小三角风窗贴膜所需的工具准备到位，放置于车顶

第二步骤　门板防护

门板防护

要点：

门板上附上遮蔽膜，避免施工水气过多导致玻璃升降功能失灵及门板音响扬声器有短路现象，避免操作时工具刮花、烫伤、破坏内装门板

第三步骤　打样板

打样板

要点：

先喷水在玻璃上，然后把塑料纸放在玻璃上，用美工刀打样。打样时一定要准，另外注意使用美工刀时千万不可划伤玻璃

第四步骤　裁膜

裁膜

要点：

裁切小三角风窗膜，无须注意方向性。将打好的样板铺在膜上，借助钢尺裁膜，裁膜要和样板一样大（有些可略微放大），如果只裁一张时要注意正反

第五步骤　玻璃内表面清洗

1. 小刮板刮洗

要点：

清洗玻璃内表面时，首先往玻璃内表面喷洒安装液，用毛巾配合小刮板刮洗一遍

2. 软刮板刮水

要点：

用软刮板刮净水分，再用小三角刮板收边。软刮板刮水的目的是检验玻璃是否清洗干净

确认玻璃清洗干净之后，再次喷洒安装液为上膜准备

第六步骤　贴膜

1. 人工降尘

要点：

把喷壶调至雾状位置，在车门的上方以及要撕膜、上膜的地方上空将安装液喷洒出来

2. 揭膜

要点：

首先洗干净两手。揭膜时手捏部分一定要小，揭膜之后迅速往膜面上喷洒安装液，去除静电，防止吸上灰尘。注意揭膜动作要快

3. 上膜定位

要点：

将揭下来的膜往小三角风窗上对位，注意膜的边部要完全与玻璃尺寸吻合。紧接着往膜面上喷少量的安装液，用手指按住膜面，同时用软刮板简单定位，保证膜不发生移位即可

4. 水分挤压

要点：

再次往膜面上喷少量的安装液，用专业挤水刮板把膜与玻璃之间的水分挤干

要注意挤水的力度，不可用蛮力

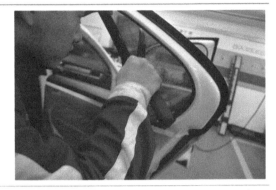

5. 收边

要点：

对挤水刮板挤不到的边缘位置，用无纺布包住小刮板收边，尽量把边缘位置的水挤干

第七步骤　撤掉车内防护

撤掉车内防护

要点：

撕下门板的遮蔽保护膜，用毛巾把门板上的水渍擦拭干净

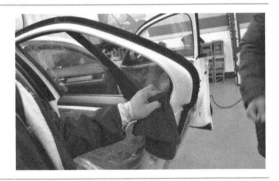

◀ 评价与巩固

一、反思性问题

请简述汽车小三角风窗贴膜的工艺流程？

答：

_____

_____

_____

二、拓展性问题

在汽车小三角风窗贴膜中，喷壶里强生婴儿沐浴露添加量的多少对贴膜工艺有何影响？

答：

_____

_____

_____

_____

三、操作能力考核表

项目	评价内容	评价等级（学生自评）		
		A	B	C
关键能力考核项目	遵守纪律、遵守学习场所管理规定，服从安排			
	安全意识、责任意识，5S 管理意识，注重节约、节能与环保			
	学习态度积极主动，能参加实习安排的活动			
	团队合作意识，注重沟通，能自主学习及相互协作			
	仪容仪表符合活动要求			
专业能力考核项目	按时按要求独立完成考核表			
	正确使用贴膜工具			
	正确完成汽车小三角风窗贴膜工艺流程			
	完成汽车小三角风窗贴膜作业的质量			
	正确穿戴劳动保护用品			
小组评语及建议		组长签名： 年　月　日		
老师评语及建议		教师签名： 年　月　日		

任务二　　　汽车侧风窗贴膜

学习目标

能正确使用汽车侧风窗贴膜所需的各种工具。

能熟练运用内灌风烤膜的方法。

能单人高质量完成汽车侧风窗贴膜的工艺流程。

任务描述

根据车主的贴膜项目要求，贴膜技师利用专业的汽车贴膜工具，在无尘贴膜工位按照规范的汽车侧风窗贴膜操作工艺，在一定的时间内，对汽车完成汽车侧风窗贴膜项目的操作过程。

学习地点

理论教室、无尘贴膜工位区。

学习准备

教具：多媒体设备。

设备：裁膜台。

工量具：钢尺、中刮板、软刮板、挤水刮板、喷壶、美工刀、刀片、无纺布等。

材料：车膜、强生婴儿沐浴露、塑料纸。

劳动保护用品：防静电工作服、劳保鞋。

活动实施

汽车侧风窗贴膜工艺流程

一、实训设备、工具及材料

实训设备、工具及材料如图3-3所示。

二、实训时间

实训时间为30min。

三、实训教学目标

1）能正确使用汽车侧风窗贴膜所需的各种

图3-3　裁膜台、车膜、钢尺、烤枪、
中刮板、软刮板、挤水刮板、美工刀、喷壶

工具。

2）能熟练运用内灌风烤膜的方法。

3）能单人高质量完成汽车侧风窗贴膜的工艺流程。

四、实训教学组织

1. 教学组织形式

每辆车安排 8 名学生参与实训，四名学生为一组。一组操作，另一组观察学习。

2. 学生站位分工和要求

四名学生为一组，左前门侧风窗工位为 1 号，左后门侧风窗工位为 2 号，右前门侧风窗工位为 3 号、右后门侧风窗工位为 4 号。

3. 实训教师职责

讲解操作步骤和注意事项；下达"操作开始"口令；工位间巡视、检查、指导和纠正错误。

4. 学生职责变换

四名学生实行职责变换制度，按照四工位逆时针旋转互换。

五、实训操作步骤

第一步骤　准备工作

1. 工具准备

要点：

车辆进入工位之前，参训学生将工位清理干净，排除障碍物，准备好相关的工具、材料等（培养良好的工作习惯，充分做好事前准备，有利于安全操作和提高工作效率）

2. 工具准备

要点：

将汽车侧风窗贴膜所需的工具准备到位，放置于车顶

第二步骤　门板防护

1. 门板防护

要点：

门板上附上遮蔽膜，避免施工水气过多导致玻璃升降功能失灵及门板音响扬声器有短路现象，并可避免操作时工具刮花、烫伤、破坏内装门板

2. 玻璃内部防护

要点：

检查窗框密封条是胶边还是绒毛条。如果有绒毛条，要用透明胶或纸胶带封好

第三步骤　打样板

打样板

要点：

先喷水在玻璃外表面上，然后把塑料纸放在玻璃上，用美工刀沿着侧窗四周裁下。打样时一定要准，另外注意使用美工刀时千万不可划伤玻璃

第四步骤　膜片初裁

膜片初裁

要点：

侧窗膜的裁切采用竖裁的方法。将打好的样板铺在膜上，借助钢直尺进行膜片粗裁膜。根据侧窗边缝的间隙大小，在粗裁时一般情况顶部多留 3~5cm，两边各多留出 1mm 或者某一边对齐另外一边多出 2mm

何为竖裁、横裁？

一般情况下，一卷车膜的宽度是 1.52m，长度有 12m、20m、30m 不等。把车窗玻璃的长度对应膜的长边，车窗玻璃的宽度对应膜的宽边方向，这样的裁膜方法称之为竖裁；反之，车窗玻璃的长度对应膜的宽边，车窗玻璃的宽度对应膜的长边方向，这样的裁膜方法称之为横裁。而膜的收缩具有单向性（定基金属膜除外），因此不同的裁膜方法对应不同的烘烤定形方法。

第五步骤　玻璃外表面清洗

玻璃外表面清洗

要点：

对于新车，基本上玻璃比较干净，用软刮板把水分刮干净。对于旧车，如遇到黏附较牢的污垢可用美工刀清除，其他部位建议用洗车泥清洗，然后同样用软刮板把水分刮净

第六步骤　烘烤定形

烘烤定形

要点：

往玻璃外表面喷少量的安装液，把膜片铺在玻璃上，注意膜的底边要与玻璃下边缘留有 1～2cm 的距离，膜的侧边与玻璃侧边框平行放置

简单定位之后，把膜的两边与上边绷紧，此时会发现膜的底部出现一个弧形气泡，所以不能与玻璃完全贴合

要点：

烤膜方法使用内灌风。要领如下：烤枪到玻璃的距离由远及近，至 5cm 左右时用烤枪口对准起泡口开始灌风，将泡口吹大。此时稍稍移近烤枪，当烤至底边与玻璃相贴合时，开始往泡的上方继续烤，最后用手抚平或者用刮板刮平即可

侧窗膜烘烤之后效果 →

第七步骤　膜片精裁

膜片精裁

要点：

再次喷洒安装液在玻璃外表面，把膜铺上开始对齐，覆膜在外。注意：

首先对齐底边，底边要与底边框平行同时把膜平行下移 1～2mm

其次固定好两边，两边要与边框相平行，同时两边刚好各多出 1mm

底边、两边对齐后，用中刮板在膜的中间位置刮一道把膜固定。然后把车子通电，一只手拿起膜的底部，另一只手操作门窗升降开关，将玻璃下降 2cm 左右停止。此时在玻璃外表面用美工刀沿着玻璃的上沿把顶部多余的膜裁下

最后把精裁下的膜的两个上沿修好圆角，尽量不要在车窗上裁，防止划伤玻璃

要点：

精裁完毕之后，升上玻璃，同时把膜放置好。一般前侧风窗的膜放在后风窗及后门上，后侧风窗的膜放在其后的翼子板上。注意膜片选择倒放，另需喷水简单固定

第八步骤　玻璃内表面清洗

1. 中刮板刮洗

要点：

清洗玻璃内表面时，先往玻璃内表面喷洒安装液，使用中号刮板按照从上到下的顺序刮洗一遍

注意侧边与底边也要刮洗到位

要点：

降下玻璃 2cm 左右，用刮板往上刮洗玻璃顶部，确保玻璃内表面全部刮洗到位

2. 软刮板刮水

要点：

用软刮板刮净水分，再用小三角刮板收边。软刮板刮水的目的是检验玻璃是否清洗干净

确认玻璃清洗干净之后，再次喷洒安装液为下一步骤的上膜做好准备

第九步骤　贴膜

1. 人工降尘

要点：

把喷壶调至雾状档位，在车门的上空以及要撕膜、上膜的地方上空将安装液喷洒出来形成水雾，达到自然降尘的效果

2. 揭膜

要点：

先洗干净两手；揭膜动作要快，揭至距离膜的底部1/5处停止，把已揭下的膜面上喷洒安装液，去除静电，防止吸上灰尘

3. 上膜定位

要点：

两手拿膜的两侧，将膜往侧窗上对位，先对好一边，再对另一边

注意用眼睛观察两侧不能有漏光，膜的顶部要与玻璃上边缘平行且留有1~2mm的距离

要点：

对好位之后紧接着往膜面上喷少量的安装液，用手指按住膜面，用挤水刮板挤水定位（粗赶水）

要点：

用小刮板把膜两侧的两个上角固定，保证膜片不发生移位

要点：

抬起膜，升上玻璃，撕下保护膜，如对下面的玻璃是否清洗干净没有把握，可用小刮板刮洗一遍再用软刮刮净水分

要点：

用铁刮板配合，把膜的下端全部塞进密封条内。这个过程动作应缓慢柔和，小心不要将膜折损

4. 水分挤压

要点：

再次往膜面上喷少量的安装液，用专业挤水刮板把膜与玻璃之间的水分挤干

要注意挤水的力度要均匀，可用腿抵住门板

5. 收边

要点：

对挤水刮挤不到的边部位置，用小刮板收边，分别把两侧及底边的水挤干

第十步骤　局部修整

局部修整

要点：

挤水操作结束后，如发现膜的边部和底部仍留有气泡，用烤枪在气泡所在位置的玻璃外部加热，配合刮板将气泡刮平

第十一步骤　撤掉车内防护

撤掉车内防护

要点：

撕下门板的遮蔽保护膜和玻璃边缝的透明胶带，用毛巾把门板上的水渍擦拭干净

◀ 评价与巩固

一、反思性问题

请简述汽车侧风窗贴膜的工艺流程。

答：

_____

_____

_____

二、拓展性问题

在汽车侧风窗贴膜过程中，是否一定要先定形后精裁还是可以先精裁而后定形？如果可以，为什么？说出你的理由。

答：

_____

_____

_____

三、操作能力考核表

项目	评价内容	评价等级（学生自评）		
		A	B	C
关键能力考核项目	遵守纪律、遵守学习场所管理规定，服从安排			
	安全意识、责任意识，5S 管理意识，注重节约、节能与环保			
	学习态度积极主动，能参加实习安排的活动			
	团队合作意识，注重沟通，能自主学习及相互协作			
	仪容仪表符合活动要求			
专业能力考核项目	按时按要求独立完成考核表			
	正确使用贴膜工具			
	正确完成汽车侧风窗贴膜工艺流程			
	完成汽车侧风窗贴膜作业的质量			
	正确穿戴劳动保护用品			
小组评语及建议		组长签名： 年　月　日		
老师评语及建议		教师签名： 年　月　日		

任务三　　汽车后风窗贴膜

学习目标

能正确使用汽车后风窗贴膜所需的各种工具。

能熟练运用干烤烤膜的方法。

能单人高质量完成汽车后风窗贴膜的工艺流程。

任务描述

根据车主的贴膜项目要求，贴膜技师利用专业的汽车贴膜工具，在无尘贴膜工位按照规范的汽车后风窗贴膜操作工艺，在一定的时间内，对汽车完成汽车后风窗贴膜项目的操作过程。

◀ 学习地点

理论教室、无尘贴膜工位区。

◀ 学习准备

教具：多媒体设备。

设备：裁膜台。

工量具：钢直尺、长刮板、软刮板、挤水刮板、喷壶、美工刀、刀片、无纺布等。

材料：车膜、强生婴儿沐浴露。

劳动保护用品：防静电工作服、劳保鞋。

◀ 活动实施

汽车后风窗贴膜工艺流程

一、实训设备、工具及材料

实训设备、工具及材料如图3-4所示。

二、实训时间

实训时间为40min。

三、实训教学目标

1）能正确使用汽车后风窗贴膜所需的各种

图3-4　裁膜台、车膜、钢直尺、烤枪、长刮板、软刮板、挤水刮板、美工刀、喷壶

工具。

2）能熟练运用干烤烤膜的方法。

3）能单人高质量完成汽车后风窗贴膜的工艺流程。

四、实训教学组织

1. 教学组织形式

每辆车安排两名学生参与实训，一人操作，另一人观察学习。

2. 学生站位分工和要求

两名学生为一组，先操作的学生为1号，另一人为2号。

3. 实训教师职责

讲解操作步骤和注意事项；下达"操作开始"口令；工位间巡视、检查、指导和纠正错误。

4. 学生职责变换

两名学生实行职责变换制度，即第一遍1号操作，第二遍2号操作。

五、实训操作步骤

第一步骤　准备工作

1. **工位准备**

　　要点：

　　车辆进入工位之前，参训学生将工位清理干净，排除障碍物，准备好相关的工具、材料等（培养良好的工作习惯，充分做好事前准备，有利于安全操作和提高工作效率）

2. **工具准备**

　　要点：

　　将汽车后风窗贴膜所需的工具准备到位，放置于后机盖上

第二步骤　车内防护

1. 后排座椅防护

要点：

后排座椅部分附上保护层，避免施工服纽扣或拉链刮花或弄脏座椅，避免施工时水气过多弄湿座椅，避免工具刮花、烫伤或破坏座椅

2. 后搁板防护

要点：

撤掉后排座椅头枕，在后搁板部分附上保护层，避免施工时水气过多导致音响扬声器短路，避免操作时工具刮花、烫伤、破坏到内饰

第三步骤　测量玻璃尺寸

测量玻璃尺寸

要点：

用卷尺或钢直尺分别测出后风窗玻璃的长度和宽度。注意测量时不能以玻璃四角为测量基准，应该以玻璃最大长度、宽度来测量

如果钢直尺的量程不够，在测量玻璃的长度时，要分两次测量。因此建议使用至少 1.5m 长的卷尺测量

第四步骤 膜片初裁

膜片初裁

要点：

根据测量出的玻璃长度与宽度，开始在裁膜台上进行初裁。一般初裁后风窗膜的长度与宽度在测量值的基础上加大 3 ~ 5cm

与侧窗膜一样，裁膜方法使用竖裁

在汽车车窗贴膜中，如无特殊要求，侧风窗与后风窗的膜片都使用同一卷膜，初裁方式都使用竖裁法，一方面可以最大程度地节约材料，另一方面，如果采用横裁的方式，在膜片烘烤时由于膜片收缩面积小会无形中增加难度，从而降低工作效率。

第五步骤 玻璃外表面清洗

玻璃外表面清洗

要点：

（1）使用洗车泥清洗后风窗玻璃外表面，如遇到黏附较牢的污垢可用美工刀清除

（2）清洗完毕用软刮板把水分刮净

第六步骤　烘烤定形

1. 拉水线

要点：

后风窗膜的烘烤采用干烤法。首先往手掌上喷水，分别在玻璃的中部与两边划出三道 1～2cm 的水线，呈"H"形

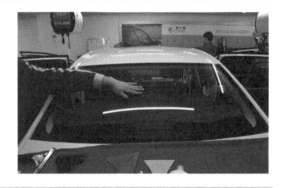

2. 铺膜

要点：

将裁好的后风窗膜，覆膜向外膜层向内，整张贴附在玻璃上，注意膜片固定不可漏光，同时利用三道水线把膜片绷紧拉直，会发现气泡均匀地分布在上下两边

3. 轮廓裁切

要点：

把多余的膜片裁切掉，便于下个烘烤定形步骤

裁切时需注意，不要裁切太多，膜片四边距离玻璃边缘要有 1～2cm 的余量，以免烘烤后膜片收缩导致漏光

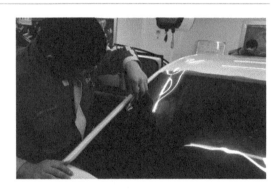

轮廓裁切后效果 →

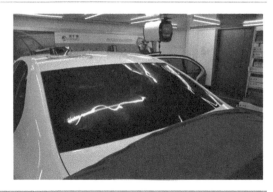

4. 干烤定形

要点:

（1）把膜分成四部分来施工。烘烤的技巧是由中间向外烘烤，向弧度大的部分以扩散式的烤法最好

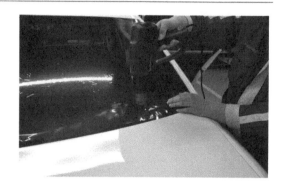

（2）重复烘烤动作。一手拿着热风枪与膜保持一段适当的距离，以适当的温度，在需要定形的部位不停旋转，以便受热均匀。注意：温度过高或停留太久会导致膜片被烤焦

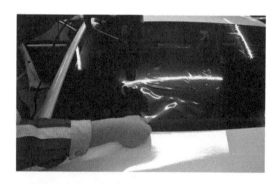

（3）烘烤加温过的地方，同时用手将膜片抹平。抹平时需要专心，注意膜的变化，若过于急躁容易将膜片折伤

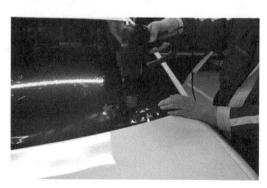

（4）在烤膜过程中，因为车型的差异，玻璃的弧度也不同，定形时要注意让膜与玻璃完全平贴才算定形完成，直到整张膜片完全平贴在后风窗玻璃上

5. 喷水刮平

要点：

掀起约一半的膜片，往玻璃上喷洒安装液，将膜放下

注意掀膜的过程中不能让膜片发生移动

要点：

再掀起另一半的膜片，往玻璃上喷洒安装液，将膜放下

注意掀膜的过程中不能让膜片发生移动

要点：

往膜面上喷洒安装液，用软刮板把整张膜刮平

刮的时候要注意顺着膜片收缩的方向

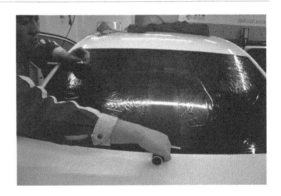

6. 局部弧度处理

要点：

干烤法有时难免会在边部残留一些小的气泡，这时用湿烤法将小泡全部烤平，使之与玻璃完美贴合

第七步骤　膜片精裁

膜片精裁

要点：

后风窗膜在烘烤定形后，需要修边精裁出适合后风窗玻璃内部的形状

沿着黑边外侧裁下，注意裁切时要比黑边外侧多出 0.2～0.5mm。

在精裁完上膜时，整张膜片要压过黑边不漏光。

精裁时，线条需要笔直，弧度曲线需要圆滑，下刀要轻，千万别过度施力，否则，容易将玻璃刮伤

在裁切制动灯部位的时候，要沿着制动灯轮廓的内侧进行裁切

为防止裁花玻璃、可在刀尖处垫一块很小的有机塑料板（名片盒材料），避免刀尖直接与玻璃接触，这样也可以避免膜裁不断的情况发生

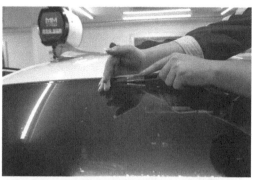

第八步骤　外部揭膜

1. 人工降尘

要点：

把喷壶调至雾状档位，在后风窗玻璃上方喷洒安装液

2. 揭膜

要点：

先揭开膜的一角喷洒安装液，并迅速把覆膜盖回原处，同时用手抚平

要点：

依次揭开另外三角，中间预留部位呈菱形形状。这样做是防止下一步的卷膜操作时覆膜与膜错位，以及灰尘进入膜面

3. 卷膜

要点：

对于右手操作者而言，卷膜是从左边向右边卷起（按车头方向）。左手操作者则反之

膜上下一定要卷直，在允许范围内卷得越细越好，卷好之后放入车内

第九步骤　玻璃内表面清洗

1. 长刮板刮洗

要点：

关闭两扇后车门。先平均喷洒安装液至整片玻璃上，喷洒时尽量避免喷洒到音响扬声器上

利用长刮板刮洗整片玻璃，因后风窗玻璃上多了除雾线，所以此动作力道需增加，动作也放慢些，确保完全刮洗干净

2. 软刮板刮水

要点：

用软刮板刮净水分。考虑到后风窗玻璃的面积较大，软刮板刮不到的边角处再用长刮板收边

确认玻璃清洗干净之后，再次喷水为下一步骤的上膜做准备

第十步骤　贴膜

1. 揭膜

要点：

两手指要用水清洗干净，先打开整张膜的 1/2 多一些，刚好超过倒车灯的位置，立刻喷洒安装液

注意用两手配合好，动作要快而轻柔，不要让膜面碰到其他物体

要点：

把上一步揭下的膜面粘贴到玻璃上，对好位置

为防止之前喷到玻璃上的安装液渐干，往还未贴上膜的玻璃上补喷少许安装液，继续揭下覆膜，直至全部揭下

要点：

覆膜即将全部揭下时，注意抽覆膜要小心，不要拉折膜，然后把整张膜全部移好位置

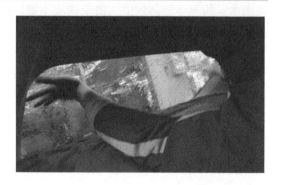

2. 定位

要点：

膜在玻璃上精确定位后，喷上少许安装液用挤水刮板或软刮板以十字架式固定，然后逐步刮平（粗赶水）

3. 水分挤压

要点：

往膜面上喷少许安装液，用软刮先从中间往一边刮一道，先画出一个十字形，分为四块，再用挤水刮将水分完全赶出

对于难以挤到的边部位置，可将部分水赶到残余泡周围

4 弧度处理及边部加固

要点：

用无纺布包住长刮板在前面缓慢将泡赶压下去，烤枪大风门跟在后面烘烤。注意不可烘烤过度，以免把膜烤焦

再用烤枪给膜四边加温，把水分吹干的同时还可增加胶的黏度

在汽车后风窗贴膜中，喷壶里安装液的配比一般为 18 ~ 20 滴强生婴儿沐浴露：500mL 纯净水。如果沐浴露过少，由于润滑不够同样会导致膜片尚未定位完全就已粘贴在车窗玻璃上从而影响到膜片张贴位置的偏移。

第十一步骤　撤掉车内防护

撤掉车内防护

要点：

撕下后排座椅防护套与后搁板防护套，用干净毛巾把水渍擦拭干净

◀ 评价与巩固

一、反思性问题

请简述汽车后风窗贴膜的工艺流程。

答：

二、拓展性问题

目前，在汽车后风窗贴膜的膜片烘烤工艺中，有湿烤法也有干烤法。请描述两种定形方法的各自优缺点。

答：

三、操作能力考核表

项目	评价内容	评价等级（学生自评）		
		A	B	C
关键能力考核项目	遵守纪律、遵守学习场所管理规定，服从安排			
	安全意识、责任意识，5S 管理意识，注重节约、节能与环保			
	学习态度积极主动，能参加实习安排的活动			
	团队合作意识，注重沟通，能自主学习及相互协作			
	仪容仪表符合活动要求			
专业能力考核项目	按时按要求独立完成考核表			
	正确使用贴膜工具			
	正确完成汽车后风窗贴膜工艺流程			
	完成汽车后风窗贴膜作业的质量			
	正确穿戴劳动保护用品			
小组评语及建议		组长签名： 　　年　　月　　日		
老师评语及建议		教师签名： 　　年　　月　　日		

任务四　　汽车前风窗贴膜

学习目标

能正确使用汽车前风窗贴膜所需的各种工具。

能熟练运用横拉伸湿烤烤膜的方法。

能单人高质量完成汽车前风窗贴膜的工艺流程。

任务描述

根据车主的贴膜项目要求，贴膜技师利用专业的汽车贴膜工具，在无尘贴膜工位按照规范的汽车前风窗贴膜操作工艺，在一定的时间内，对汽车完成汽车前风窗贴膜项目的操作过程。

学习地点

理论教室、无尘贴膜工位区。

学习准备

教具：多媒体设备。

设备：裁膜台。

工量具：钢尺、长刮板、软刮板、挤水刮板、喷壶、美工刀、刀片、无纺布等。

材料：车膜（前风窗）、强生婴儿沐浴露。

劳动保护用品：防静电工作服、劳保鞋。

活动实施

汽车前风窗贴膜工艺流程

一、实训设备、工具及材料

实训设备、工具及材料如图 3-5 所示。

二、实训时间

实训时间为 50min。

三、实训教学目标

1）能正确使用汽车前风窗贴膜所需的各种

图 3-5　裁膜台、车膜、钢直尺、烤枪、长刮板、软刮板、挤水刮板、美工刀、喷壶等

工具。

2）能熟练运用横拉伸湿烤烤膜的方法。

3）能单人高质量完成汽车前风窗贴膜的工艺流程。

四、实训教学组织

1. 教学组织形式

每辆车安排两名学生参与实训，一人操作，另一人观察学习。

2. 学生站位分工和要求

两名学生为一组，先操作的学生为 1 号，另一人为 2 号。

3. 实训教师职责

讲解操作步骤和注意事项；下达"操作开始"口令；工位间巡视、检查、指导和纠正错误。

4. 学生职责变换

两名学生实行职责变换制度，即第一遍 1 号操作，第二遍 2 号操作。

五、实训操作步骤

第一步骤　准备工作

1. 工位准备

要点：

车辆进入工位之前，参训学生将工位清理干净，排除障碍物，准备好相关的工具、材料等（培养良好的工作习惯，充分做好事前准备，有利于安全操作和提高工作效率）

2. 工具准备

要点：

将汽车前风窗贴膜所需的工具准备到位，放置于前机盖上

第二步骤　测量玻璃高度

测量玻璃高度

要点：

由于前风窗膜的初裁使用横裁的方法，因此只需测量出玻璃的高度

注意测量时应以玻璃最大高度为准

第三步骤　膜片初裁

膜片初裁

要点：

采用横裁法。根据测量出的玻璃宽度，开始在裁膜台上进行初裁。一般而言，初裁前风窗膜的高度在测量值的基础上加大 3~5cm

由于前风窗膜的成本高，采用竖裁的方式会造成材料的消耗较大。目前绝大部分车型的前风窗长度都小于152cm，所以前风窗膜的初裁大多使用横裁的方法。但有两种情况例外：第一种是玻璃的高度小于76cm时，为了降低烤膜的难度，提高工作效率采用竖裁法；第二种情况是某些面积较大的玻璃，其宽度大于152 cm时，横裁法无法裁出尺寸合适的膜片，此时也采用竖裁法。

第四步骤　玻璃外表面清洗

玻璃外表面清洗

要点：

使用洗车泥清洗前风窗玻璃外表面，如遇到黏附较牢的污垢可用美工刀清除

要点：

清洗完毕用软刮板把水分刮净

第五步骤 烘烤定形

1. 铺膜

要点：

铺膜前先在玻璃上喷上安装液，水量要多些，过少会导致无法进行湿烤

两个人将裁好的前风窗膜架起，先对准上边的两个角，让膜自然下放于玻璃上并需一次放好，不能反复移动

由于烤膜方法采用拉伸湿烤，所以膜的上下部分都要超过玻璃内侧边缘，左右两边部分要超出两边 A 柱

2. 分泡

要点：

用手配合软质烤膜刮板将膜的中间与上下两边刮平，特别是上下两边不能有气泡（在玻璃内侧边缘之外的小气泡除外），让气泡均匀分布在两边

3. 轮廓裁切

要点：

把多余的膜片裁切掉，需注意不要裁切太多，膜片上下距离玻璃边缘要留有 1～2cm 的余量；两边如果过长可以裁切掉一部分，但一定要超过两边 A 柱，便于下个烘烤定形步骤

4. 拉伸湿烤定形

要点：

先从副驾驶位置开始操作。拉伸湿烤法与传统湿烤法大同小异，先用一只手对准气泡的尖端把膜片拉起，另一只手拿烤枪对膜表面进行烘烤。烤枪温度在 300~400℃，依据个人熟练程度而定

要点：

气泡的前 1/3 处，弧度较小，沿着气泡的方向烤（横向烤）；气泡的后 2/3 处，弧度较大，烤膜时烤枪纵向移动

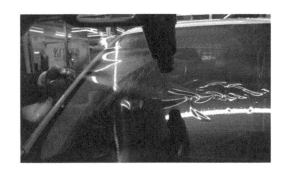

要点：

在烘烤过程中，膜片受热面积大于玻璃面积，才能让膜片完整平贴，同时要受热均匀，以免拉伸定形时，部分地方未加温导致拉不动

烤至边部时，一定要收缩到玻璃内侧边缘之外的位置

要点：

用美工刀将玻璃内侧边缘至膜片最边上的一段裁切掉，注意膜片仍需超出玻璃内侧边缘约 1cm

如果发现仍残留一些小气泡，再用湿烤法或内灌风将小气泡烤平，让膜片与玻璃完美贴合

要点：

把烘烤平整后的膜片向玻璃方向压下。注意施压力度要控制好，以免受热后的玻璃容易被压裂，并在下压过程中将膜片横向拉扯，使膜片自然顺着玻璃弧度而定形，配合烤膜刮板把膜片刮至平整

刮平过程中如果不够润滑，可将膜片掀起，往玻璃上补充少许安装液

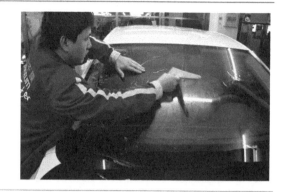

要点：

主驾驶位置的烘烤定形步骤同副驾驶的操作

前风窗膜烘烤定形后效果 →

第六步骤　膜片精裁

膜片精裁

要点：

前风窗膜在烘烤定形后，需要修边精裁出适合前风窗玻璃内的形状

沿着黑边裁下，要注意裁下距离多出 0.2 ～ 0.5mm。在精裁完上膜时，整张上膜时要压黑边不漏光。若对于不压黑边，则可以不预留，直接沿着黑边线条画下

精裁时，线条需要笔直，弧度曲线需要圆滑，下刀要轻，千万别过度施力，容易将玻璃刮伤

为防止裁花玻璃、可在刀尖处垫一块很小的有机塑料板（名片盒材料）避免刀尖直接与玻璃接触，也可以避免膜裁不断的情况发生

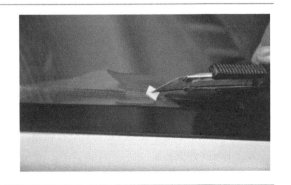

第七步骤　外部揭膜

1. 人工降尘

要点：

把喷壶调至雾状档位，在前风窗玻璃上方将安装液喷洒出来

2. 揭膜

要点：

先从主驾驶位置揭膜。揭开膜的上下两角后立即喷洒安装液，速度要快，并迅速把覆膜盖回原处，同时用手摸平

要点：

再从副驾驶位置揭膜。揭开膜的上下两角后立即喷洒安装液，中间预留部位呈菱形形状，这样做是防止下一步的卷膜操作时覆膜与膜错位，以及灰尘进入膜面

3. 卷膜

要点：

对于右手操作者而言，卷膜是从副驾驶位置向主驾驶位置卷起，左手操作者则反之。膜上下一定要卷直，在允许范围内卷得越细越好，卷好之后放入车内

第八步骤　车内防护

1. 前排座椅防护

要点：

前座椅部分附上保护层，避免施工服纽扣或拉链刮花或弄脏座椅，避免施工时水气过多弄湿座椅，避免工具刮花、烫伤或破坏座椅

2. 仪表台与方向盘防护

要点：

车内仪表台与方向盘附上保护层，避免施工中工具碰撞、服装纽扣或拉链刮伤方向盘，避免施工中水气过多流入仪表台电子设备中，尤其要注意 A 柱与仪表台衔接缝隙（有些电子模块会固定在 A 柱下）一定要挡水

3. 取下后视镜

要点：

有些后视镜不拆除也不妨碍上膜，但有些后视镜则必须要拆除。不同车型后视镜的拆除方法也不同，拆除时务必要小心，不得损坏玻璃与其他饰件

4. 取下年检、保险标志

要点：

贴上静电贴的年检、保险标志，只需连同静电贴一起撕下即可

如果年检、保险标志是直接贴在玻璃上，则需要借助烤枪烘烤加热后将其慢慢撕下，不得损坏标志

第九步骤　玻璃内表面清洗

1. 长刮板刮洗

要点：

关闭两扇前车门。先均匀喷洒安装液至整片玻璃上，注意避免喷洒到音响扬声器

利用长刮板刮洗整片玻璃。因前风窗玻璃是整车玻璃中面积最大的一块，所以动作力度需增加，动作也放慢些，一定要认真仔细，确保完全刮洗干净

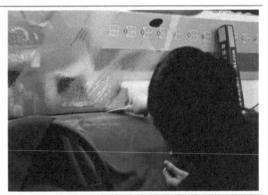

2. 软刮板刮水

要点：

用软刮板刮净水分。考虑到前风窗玻璃的面积较大，软刮刮不到的边角处再用长刮板收边

确认玻璃清洗干净之后，再次喷水为下一步骤的上膜做准备

第十步骤　贴膜

1. 揭膜

要点：

两手指要用水清洗干净，先打开整张膜的1/2多一些，使之刚好超过后视镜的位置，立刻喷洒安装液

注意用两手配合好，动作要快而轻柔，不要让膜面碰到其他物体

要点：

把上一步揭下的膜面粘贴到玻璃上，对好位置。为防止之前喷到玻璃上的安装液渐干，往还未贴上膜的玻璃上补喷少许安装液，继续揭下覆膜，直至全部揭下

要点：

覆膜即将全部揭下时，注意抽覆膜要小心，不要拉折膜，然后把整张膜全部移好位置

前风窗膜揭膜对位后效果 →

2. 定位

要点：

膜在玻璃上精确定位后，喷上少许安装液，用挤水刮板或软刮板以十字架式固定，然后逐步刮平（粗赶水）

3. 水分挤压

要点：

往膜面上喷少许安装液，用软刮板先从中间往一边刮一道，画出一个十字形，分为四块，再用挤水刮板将水分完全赶出

对于难以挤到的边部位置，可将部分水赶到残余气泡周围

4. 弧度处理及边部加固

要点：

用无纺布包住长刮板在前面缓慢将泡赶压下去，烤枪大风门跟在后面烘烤，注意不可烘烤过度，以免把膜烤焦

再用烤枪给膜四边加温，把水分吹干的同时还可增加胶的黏度

汽车前风窗贴膜中，喷壶里安装液的配比一般为 20 ~ 25 滴强生婴儿沐浴露：500mL 纯净水。如果沐浴露过少，由于润滑不够同样会导致膜片尚未定位完全就已粘贴在车窗玻璃上，从而影响到膜片张贴位置的偏移。

第十一步骤　后视镜安装

后视镜安装

要点：

将拆卸下来的后视镜重新安装在原先的位置。注意动作要小心，安装要到位

第十二步骤 年检、保险标志张贴

年检、保险标志张贴

要点：

将上膜之前取下的年检、保险标志重新张贴上。一般张贴在副驾驶位置的右上角，要紧贴在膜面上，不得有气泡

第十三步骤 撤掉车内防护

撤掉车内防护

要点：

取下前排座椅防护套与仪表台、方向盘防护套，用干净毛巾把水渍擦拭干净

◀ 评价与巩固

一、反思性问题

请简述汽车前风窗贴膜的工艺流程。

答：

_____

_____

_____

二、拓展性问题

在汽车前风窗贴膜的工艺中，为提高材料的利用率，通常使用横裁的方式裁膜，但有时也使用竖裁的方式，请说出选择横裁或竖裁的根据是什么？

答：

_____

三、操作能力考核表

项目	评价内容	评价等级（学生自评）		
		A	B	C
关键能力考核项目	遵守纪律、遵守学习场所管理规定，服从安排			
	安全意识、责任意识，5S 管理意识，注重节约、节能与环保			
	学习态度积极主动，能参加实习安排的活动			
	团队合作意识，注重沟通，能自主学习及相互协作			
	仪容仪表符合活动要求			
专业能力考核项目	按时按要求独立完成考核表			
	正确使用贴膜工具			
	正确完成汽车前风窗贴膜工艺流程			
	完成汽车前风窗贴膜作业的质量			
	正确穿戴劳动保护用品			
小组评语及建议		组长签名： 年　　月　　日		
老师评语及建议		教师签名： 年　　月　　日		

项目四 车载电器加装

车载电器概述

◀ **学习地点**

理论教室。

◀ **学习准备**

教具：多媒体设备。
劳动保护用品：工作服。

◀ **需用知识**

现在，私家车已经非常普及了，放眼望去，马路上，小区里到处都停着各式各样的汽车。很多年前，拥有一辆私家车是多少人遥不可及的梦想。但是现在，很多家庭都有自己的小汽车，有的甚至还有几辆。汽车已经不是有钱人的代名词了，社会的进步让汽车走进了寻常百姓家。作为汽车的附属品，车载电器也渐渐走进了人们的生活，在享受汽车带给我们享受的同时，车载电器的出现无疑为有车一族的生活提供了很大的便利。

一、什么是车载电器

车载电器是使用车上供电线路系统，在车内使用的电器，一般功率都比较小。

二、车载电器使用供电电路系统的形式

车载电器使用供电电路系统有两种形式：

1）把车载电器直接连接到车的电路上，如车载电视、车载倒车设备等。

2）通过车上点烟器或车载电源供电（也称车载逆变器），像车载氧吧、车载 MP3 等。

三、加装车载电器的注意事项

随着车载电器的兴起，也越来越被车族们追捧及使用。车载电器的使用提高了人们的驾

驶乐趣及生活水平。但在车载电器普遍使用时，更应该注意车载电器的使用安全。

1）不要随意连接汽车上的电路。因为汽车上的原始电路留给用户的接线点及电路负荷空间有限，因此，汽车加装电器设备时，应慎重考虑安全细节。

2）不建议车主自行安装。因为现代汽车电路设计、布置趋向电子化，加装电器要求非常规范。汽车运行时遇到的环境很恶劣，假如是粗略安装的，会因连接不牢固、密封不良，在颠簸、高温、潮湿的环境下很容易破损或脱落，造成短路，损坏电器设备，导致火灾。所以额外加装的电器设备必须是车载专用，选用专用车载电器才能在额定电压、电流、抗干扰、稳定性等方面带来保障。除了以上技术细节外，一定要请专业汽车服务站的专业人员安装接线，尤其在改装车载音响时，专业技术能给车主带来更多的安全保障。

3）建议使用点烟器或车载电源供电的车载电器。但在使用点烟器时要注意插头的紧密结合，及插头处的脏物清理，避免接触不良及异常过热。在使用车载电源 选购车载逆变器时，要查看它是否有各种保护功能，保证汽车蓄电池和外接电器的安全。同时，还要注意车用逆变器的波形，最好选正弦波或修正正弦波形的最新型的车载逆变器，因为方波的转换器会造成供电不稳定，可能损伤所使用的电器。

4）车载电器建议在汽车起动后使用，特别是夏天，在汽车开启空调前最好关上所有车载电器。

5）不建议同时使用多种车载电器，这样会增加汽车发动机的负荷。

◀ 评价与巩固

一、反思性问题

什么是车载电器？它使用供电电路系统的形式有哪些？

答：_____

_____

_____

_____

二、拓展性问题

车载电器的使用提高了人们的驾驶乐趣及生活质量，但在加装车载电器时，有哪些安全注意事项？

答：_____

_____

_____

_____

任务一　　　倒车雷达的加装

学习目标

能准确叙述倒车雷达的组成、功能及工作原理。

能正确使用加装倒车雷达所需的工具。

能单人高质量完成倒车雷达加装的工艺流程。

任务描述

根据车主对汽车驾驶安全性能的要求，车载电器安装技师在车载电器加装工位按照规范的倒车雷达安装操作工艺，在一定的时间内，完成倒车雷达加装项目的操作过程，以达到车主满意的效果。

学习地点

理论教室、车载电器加装工位区。

学习准备

教具：多媒体设备。

工量具：钻枪、米尺、汽车电器加装专用撬棒、示灯、电工胶布等。

材料：倒车雷达产品（四探头、数字语音提示型）。

劳动保护用品：工作服、纱手套、劳保鞋。

需用知识

一、什么是倒车雷达?

倒车雷达全称叫"倒车防撞雷达"，也叫"泊车辅助装置"，或称"倒车电脑警示系统"。它是汽车驻车或者倒车时的安全辅助装置，能以声音或者更为直观地显示告知驾驶人周围障碍物的情况，解除了驾驶人驻车、倒车和起动车辆时前后左右探视所引起的困扰，并帮助驾驶人扫除了视野死角和视线模糊的缺陷。

二、倒车雷达的组成

倒车雷达主要由超声波传感器（俗称探头）、控制器（主机）和显示器或蜂鸣器等组成。

  1）超声波传感器：主要功能是发出和接收超声波信号，然后将信号输入到主机里面，通过显示设备显示出来。

  2）控制器：控制器主要是对信号进行处理，计算出车体与障碍物之间的距离及方位。

  3）显示器或蜂鸣器：当传感器探知汽车离障碍物达到危险距离时，系统会通过显示器和蜂鸣器发出警报，提醒驾驶人。

三、倒车雷达的功能

  最新的倒车雷达可具有以下功能。

1）雷达测距：嵌入式雷达测距，数码显示，使泊车更容易、更安全。

2）语音报距：能及时报出与障碍物之间距离。

3）和弦警示音：根据不同的距离发出不同的警示音。

4）车载免提：开车打手机，不用拿起手机，即可完成通话。

5）录/放音：通话时，可随时录下谈话重要内容，免去找纸笔之烦恼。

四、倒车雷达的分类

  1）按显示类型分：常见的有 LED 显示屏，LCD 显示屏，后视镜式，还有无屏的、纯喇叭发声报警的倒车雷达。

  2）按报警类型分：主要有真人语音提醒和蜂鸣报警。

  3）按探头个数分：一般小车装 4 探头较多，也有安装 6、8 探头的。对于新手车主来说，前面可能也需要探头，那么可以考虑 6 个或 8 个探头的倒车雷达。不过要注意，探头款式不同，适用的主机也不一样，并不通用。

五、倒车雷达的工作原理

  倒车雷达是根据蝙蝠在黑夜里高速飞行而不会与任何障碍物相撞的原理设计开发的。探头主要在前后保险杠上安装。探头能够以最大水平 120°垂直 70°范围辐射，上下左右搜寻目标。它最大的好处是能探索到那些低于保险杠而驾驶人从后窗难以看见的障碍物，并报警，如花坛、路肩、蹲在车后玩耍的小孩等。

  倒车雷达的显示器装在仪表台或后视镜上，它不停地提醒驾驶人车身距后面物体还有多少距离，到危险距离时，蜂鸣器就开始鸣叫，以鸣叫的间断、连续、急促程度不同，提醒驾驶人对障碍物的靠近，及时停车。

六、倒车雷达的选择

  市场上的倒车雷达品牌种类繁多鱼龙混杂，有铁将军、北华三松、固地、博视、奇真、中国台湾俊邦、豪迪等几十种品牌，价格也是几百、上千元不等，有些厂家还根据车型的不同，设计专用的倒车雷达。

面对种类繁多的倒车雷达，要注意以下几个问题。

1. 质量方面

可按照产品说明书对倒车雷达进行距离测试（用尺子去测量车尾与障碍物之间的实际距离，看其与倒车雷达显示的数据是否一致），即看一看当障碍物处于说明书中所说的各个区域时，雷达的反应是否与说明相符合，雷达是否敏感，有无误报等问题；其次要对探头进行防水测试（用矿泉水或用水龙头的水去冲探头），看看在雨雪和较湿润的天气里雷达能否正常工作。

优质产品提供的服务较好，承诺的保修期较长，因此最好选购保修期两年以上的产品。

2. 功能方面

从功能方面区分，倒车雷达可分为距离显示、声音提示报警、方位指示、语音提示、探头自动检测等，功能齐全的倒车雷达应具备以上这些功能，有的产品还具备开机自检的功能。

3. 性能方面

性能主要从探测范围、准确性、显示稳定性和捕捉目标速度来考证。探测范围至少在 0.3～2.5m（将障碍物通过不同角度切入探头的测试范围进行测试，一个探头的正常测试范围的夹角为90°）。准确性主要看两个方面，首先看显示分辨率，一般为10cm，好的能达到1cm。其次看探测误差，即显示距离与实际距离间的误差，好产品的探测误差低于1cm。显示稳定性指在障碍物反射面不好的情况下，能否捕捉到并稳定地显示出障碍物距离。捕捉目标速度反映倒车雷达对移动物体的捕捉能力。倒车雷达性能方面的要求是测得准、测得稳、范围宽和捕捉速度快。

4. 外观工艺方面

作为汽车的内外装饰件，显示器和传感器安装后应美观大方，与汽车相协调。例如传感器的颜色要与保险杠的颜色保持一致，尺寸的大小是否合适。外形上，传感器一般有融合式和纽扣式两种。融合式传感器表面有造型变化，追求与前后保险杠的自然过渡，而纽扣式传感器的表面一般是平的。显示器一般根据车主的习惯，分前置式和后置式两种，主要以清晰美观为标准。

七、倒车雷达的安装方式

倒车雷达的安装方式有粘贴式和开孔式两种。粘贴式安装仅限于具有粘贴性探头的报警器，一般安装在尾灯附近或行李箱门边，这种方法无须在车体上开孔，只需将报警器粘贴到适当位置即可，目前已不多见，本次学习任务以开孔式为例进行安装示范。

◀ 活动实施

倒车雷达加装工艺流程

一、实训教学用车

实训教学用车为 2016 款卡罗拉。

二、实训工具及材料

实训工具及材料如图 4 – 1 所示。

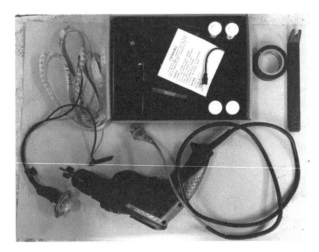

图 4 – 1　倒车雷达产品、钻枪、米尺、汽车电器加装专用撬棒、示灯、电工胶布

三、实训时间

实训时间为 40min。

四、实训教学目标

1）能正确使用加装倒车雷达所需要的工具。
2）能单人高质量完成倒车雷达加装的工艺流程。

五、实训教学组织

1. 教学组织形式
每辆车安排两名学生参与实训，一人操作，另一人观察学习。

2. 学生站位分工和要求
两名学生为一组，先操作的学生为 1 号，另一人为 2 号。

3. 实训教师职责

讲解操作步骤和注意事项；下达"操作开始"口令；工位间巡视、检查、指导和纠正错误。

4. 学生职责变换

两名学生实行职责变换制度，即第一遍 1 号操作，第二遍 2 号操作。

六、实训操作步骤

第一步骤　确定探头位置

确定探头位置

要点：

通过测量，确定 4 个探头的位置。一般 4 个探头等高，离地距离在 20～40cm（不同车型离地高度要求也不同），先确定两边探头的位置，再确定中间两个探头的位置，达到 4 个探头之间间距相等

第二步骤　探头安装

1. 检查探头

要点：

取出倒车雷达产品中的自带探头，确认钻头与探头直径相等，方可打孔安装

2. 钻孔

要点：

钻头要与接触面相垂直，钻孔过程时用力过猛，防止突然钻通后钻头夹损伤漆面

开孔间距要均匀，左右要保持水平

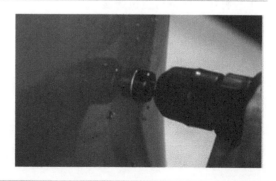

3. 修边

要点：

使用美工刀修边，防止因毛边的存在影响探头安装

4. 探头安装

要点：

按照探头上箭头的指示方向安装。安装时两个大拇指均衡用力将探头压入车体并贴紧车身

探头的排列顺序一定不能错乱，否则会导致雷达对障碍物距离和方位的识别错乱

第三步骤　布置探头线束

1. 布置探头线束

要点：

探头线必须远离排气管，因为排气管温度很高，距离很近会引起电路短路，烧坏雷达主机

布置线束过程中，使用扎带将线束拉直，再用铁丝将线束从车底引入行李箱内

2. 将探头线束与主机连接

要点：

按照说明书指定的位置将 4 个探头的线束与主机连接

第四步骤　显示器安装

显示器安装

要点：

一般情况下，显示器安装在仪表台右侧，也可以根据车主习惯安装在仪表台左侧

第五步骤　布置显示器线束

1.　门槛饰板排线

要点：

拆开右前门、右后门门槛饰板，动作要轻柔，不要把卡扣拆断

把线束绷直拉紧放在门饰板槽内，再装回门饰板

2.　通过后排座椅缝隙将线束引入行李箱内

要点：

内部排线一定要隐蔽，对于比较长需卷起来的线束，一定要先理顺，然后有条理地包扎好，安置于行李箱侧边内部，并固定好

3.　连接主机

要点：

按照说明书将显示器的插头连接在主机上

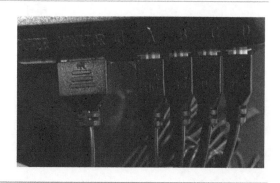

第六步骤　查找倒车灯线

1. 找出行李箱内的用电器线束和接地线束

　　要点：

　　使用专用撬棒撬开行李箱内左侧衬垫上的卡扣，找到用电器线束和接地线束

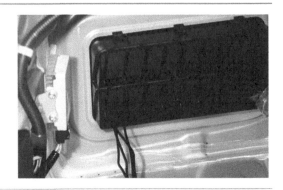

2. 将车辆通电，然后挂入倒档

　　要点：

　　将车辆通电，无须发动，倒档要挂准确

3. 检测倒车灯线

　　要点：

　　用示灯检测出倒车灯线。检测方法：示灯的负极接地，正极分别与每一根用电器线束相连接，使示灯亮的那一根线就是倒车灯线

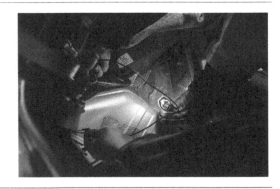

第七步骤　接线

1. 将倒车雷达电源线的插头连接到主机

　　要点：

　　连接之前将档位重新退回至 P 位并断电。然后按照说明书将电源线的插头连接在主机的相应位置上

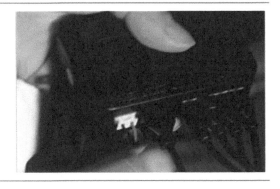

2. 接线

要点：

将电源线的正极与倒车灯线连接，负极连接地线

连接倒车灯一定要用电工胶包扎好破口连接处，以免造成短路现象，接地线必须牢固

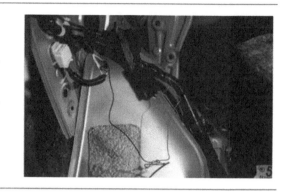

第八步骤 测试倒车雷达

测试倒车雷达

要点：

再次将车辆通电，变速杆挂入倒档位，站在车后大约 1m 的位置，测试倒车雷达是否有警示音，同时观察显示屏上是否有数字距离变化

第九步骤 隐藏主机和线束

隐藏主机和线束

要点：

揭开主机后面的双面胶，将主机与线束粘贴在行李箱的衬垫与铁皮的夹层内

注意安放的位置不得影响衬垫的还原

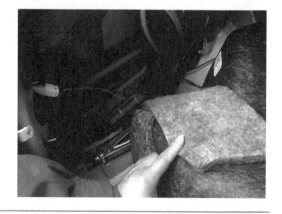

◀ 评价与巩固

一、反思性问题

什么是倒车雷达？它的功能有哪些？

答：

_____
_____
_____

二、拓展性问题

请叙述倒车雷达的工作原理。

答: _____
_____
_____
_____

三、操作能力考核表

项目	评价内容	评价等级（学生自评）		
		A	**B**	**C**
关键能力考核项目	遵守纪律、遵守学习场所管理规定，服从安排			
	安全意识、责任意识，5S 管理意识，注重节约、节能与环保			
	学习态度积极主动，能参加实习安排的活动			
	团队合作意识，注重沟通，能自主学习及相互协作			
	仪容仪表符合活动要求			
专业能力考核项目	按时按要求独立完成考核表			
	正确使用加装倒车雷达所需的工具			
	正确完成倒车雷达加装的工艺流程			
	完成倒车雷达加装作业的质量			
	正确穿戴劳动保护用品			
小组评语及建议		组长签名： 年　月　日		
老师评语及建议		教师签名： 年　月　日		

任务二　　车载导航的加装

⊙ 学习目标

能准确叙述车载导航的组成、功能及 GPS 的导航原理。

能正确使用加装车载导航所需的工具。

能单人高质量完成车载导航加装的工艺流程。

⊙ 任务描述

根据车主对汽车驾驶出行便捷的要求，车载电器安装技师在车载电器加装工位按照规范的操作工艺，在一定的时间内，完成车载导航加装项目的操作过程，以达到车主满意的效果。

◆ 学习地点

理论教室、车载电器加装工位区。

◆ 学习准备

教具：多媒体设备。

工量具：飞扳、10 号套筒、汽车电器加装专用撬棒、电工胶布等。

材料：导航产品（2016 款卡罗拉专用，需加装倒车影像）。

劳动保护用品：工作服、纱手套、劳保鞋。

◆ 需用知识

一、什么是车载导航

车载导航是利用车载 GPS（全球定位系统）配合电子地图来进行的，驾车者只要将目的地输入汽车导航系统，系统就会根据电子地图自动计算出最合适的路线，并在车辆行驶过程中（例如转弯前）提醒驾驶人按照计算的路线行驶。

二、车载导航常用的功能

1. 地图查询功能

可以在操作终端上搜索要去的目的地位置；可以记录经常要去的地方的位置信息，并保留下来，也可以和别人共享这些位置信息；还可以模糊查询附近或某个位置如加油站、宾馆、停车场等信息。

2. 路线规划功能

导航系统会根据你设定的起始点和目的地，自动规划一条或 2 条、3 条线路。规划线路可以设定是否要经过某些途径点。规划线路可以设定是否避开高速等功能。

3. 自动导航功能

1）语音导航。用语音提前向驾驶人提供路口转向，导航系统状况等行车信息，就像一个懂路的向导在指引如何驾车去目的地一样。

2）画面导航。在操作终端上，会显示地图以及车辆现在的位置，行车速度，目的地的距离，规划的路线提示，路口转向提示的行车信息。

3）重新规划线路。当没有按规划的线路行驶，或者走错路口时候，导航系统会根据你现在的位置，重新规划一条新的线路。

三、车载导航的分类

1. 按车型导航分类

1）专用型 DVD 导航。一个机器专配一款车型（多数需拆除原车 CD）。

2）通用型。加框可改装各种车型。

3）分体机。专用导航细分产品，不拆除原车 CD 等零部件，升级 DVD 导航产品。

2. 按使用功能导航分类

1）传统手写导航。

2）声控导航。

①真人秘书服务声控导航。

a. 蓝牙一键通声控导航。优势：直接利用手机蓝牙和车载导航主机连接，蓝牙首次连接后，后续会自动连接，信号稳定，品质可靠。

b. 外加通信盒声控导航。缺点：外加通信盒，其信号接收效果不如手机，当处于信号不好区域时，手机有信号而车载导航未必会有信号，因此此种方式易造成较多客户投诉。另相对于蓝牙一键通，还需加配通信盒及电话卡，很麻烦。

②人机对话声控导航。缺点：语音识别软件识别率不高。

四、车载导航系统的构成

一套车载导航装置主要由导航主机和导航显示终端两部分构成。内置的 GPS 天线会接收到来自环绕地球的 24 颗 GPS 卫星中的至少 3 颗所传递的数据信息，由此测定汽车当前所处的位置。导航主机通过 GPS 卫星信号确定的位置坐标与电子地图数据相匹配，便可确定汽车在电子地图中的准确位置。在此基础上，将会实现行车导航、路线推荐、信息查询、播放 AV/TV 等多种功能。驾驶人只需通过观看显示器上的画面、收听语音提示，操纵手中的遥控器即可实现上述功能，从而轻松自如地驾车。

具体而言，汽车 GPS 导航系统由两部分组成：一部分由安装在汽车上的 GPS 接收机和显示设备组成；另一部分由计算机控制中心组成，两部分通过定位卫星进行联系。

计算机控制中心是由机动车管理部门授权和组建的，它负责随时观察辖区内指定监控的汽车的动态和交通情况，因此整个汽车导航系统起码有两大功能：一个是汽车踪迹监控功能，只要将已编码的 GPS 接收装置安装在汽车上，该汽车无论行驶到任何地方都可以通过计算机控制中心的电子地图指示出它的所在方位；另一个是驾驶指南功能，车主可以将各个地区的交通线路电子图存储在软盘上，只要在车上接收装置中插入软盘，显示屏上就会立即显示出该车所在地区的位置及目前的交通状态，既可输入要去的目的地，预先编制出最佳行驶路线，又可接受计算机控制中心的指令，选择汽车行驶的路线和方向。

五、基于全球定位系统（GPS）的导航原理

GPS 是由 24 颗工作卫星组成，它位于距地表 20200km 的上空，均匀分布在 6 个轨道面上（每个轨道面 4 颗），轨道倾角为 55°。此外，还有 4 颗有源备份卫星在轨运行。卫星的分布使得在全球任何地方、任何时间都可观测到 4 颗以上的卫星，并能保持良好定位解算精度的几何图像。这就提供了在时间上连续的全球导航能力。

由于卫星运行轨道、卫星时钟存在误差，大气对流层、电离层对信号的影响，以及人为的 SA 保护政策，使得民用 GPS 的定位精度只有 100m。为提高定位精度，采用差分 GPS（DGPS）技术，定位精度可提高到 5m。通过 GPS 以及航迹推算技术，定位精准度可以达到 1cm。现在经常使用的还有根据移动的通信网络确定具体位置，以及根据人体的视网膜确定位置的科技等。

六、车载导航的选购

购买车载导航系统时，要注意以下事项。

1）检查测试系统的准确性。选择一或两个熟悉的路段，或是新近开张的酒店，看一看系统是否能够准确显示汽车的位置。因为街道、路段总是在不断地变化，系统也必须提供定期的更新服务。

2）考虑系统的存储能力。车载导航系统也一定要有相应大的硬盘内存。

3）图像显示。车载导航系统的图像显示，可以装在汽车的驾驶仪表盘上，也可以投射到手提电脑甚至掌上型电脑的屏幕上。为了适应不同的天气和光线条件，图像显示屏幕下必须有足够强的亮度，还要有足够的尺寸和高的分辨率。

◆ 活动实施

车载导航加装工艺流程

一、实训教学用车

实训教学用车为 2016 款卡罗拉。

二、实训工具及材料

实训工具及材料如图 4 -2 所示。

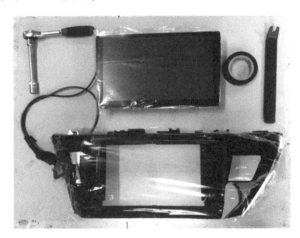

图 4 -2　导航产品（2016 款卡罗拉专用）、飞扳、10 号套筒、专用撬棒、电工胶布

三、实训时间

实训时间为 50min。

四、实训教学目标

1）能正确使用加装车载导航所需的工具。

2）能单人高质量完成车载导航加装的工艺流程。

五、实训教学组织

1. 教学组织形式

每辆车安排两名学生参与实训，一人操作，另一人观察学习。

2. 学生站位分工和要求

两名学生为一组，先操作的学生为 1 号，另一人为 2 号。

3. 实训教师职责

讲解操作步骤和注意事项；下达"操作开始"口令；工位间巡视、检查、指导和纠正错误。

4. 学生职责变换

两名学生实行职责变换制度，即第一遍 1 号操作，第二遍 2 号操作。

六、实训操作步骤

第一步骤　安装倒车影像

1. 拆除行李箱装饰板

要点：

用翘板拆除掉卡扣。注意不要损坏装饰板

2. 摄像头安装

要点：

拆除原车的牌照灯，把摄像头安装在牌照灯的位置

装上去的时候注意视频线不要压断，要安装紧凑，防止脱落

3. 连线

要点：

连接摄像头的电源线和视频线，注意不要接反

连接好之后用电工胶布粘接好

4. 布置摄像头视频线

要点：

将视频线从行李箱的孔洞中牵引至车内

要点：

依次拆开左后门、左前门门槛饰板，将视频线引入，注意暂时不要盖上门槛饰板

最后将视频线穿至主驾驶左下角，准备与主机对接

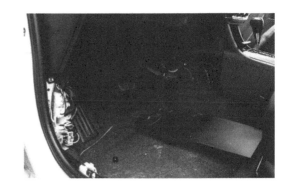

5. 拆除原车 CD 机

要点：

使用扳手＋10 号套筒拆除掉原车 CD 机上的紧固螺钉

要点：

取下原车 CD 机，注意动作要轻柔

6. 安装 GPS 天线

要点：

将 GPS 天线从产品盒中取出，将线束松开、理顺

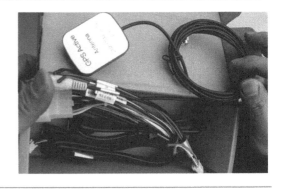

要点：

将 GPS 天线放入汽车右侧 A 柱里，通过双面胶粘牢

要点：

将 GPS 天线引到导航主机后面，与导航主机电源连接

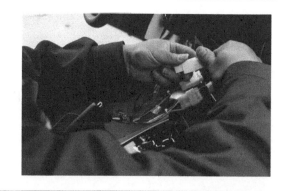

7. 连接摄像头视频线

要点：

将摄像头视频线与导航主机电源线连接

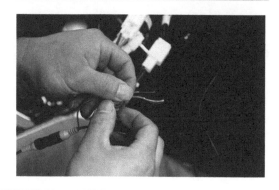

第二步骤　安装导航主机

1. 引入 USB 线

要点：

将 USB 线穿入到副驾驶杂物箱

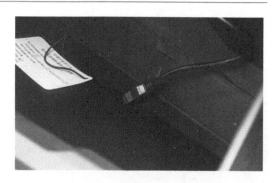

2. 连线

要点：

分别将 USB 线、收音机天线、GPS 天线、导航电源线、集成线插到导航主机上

把导航面板卡入原车 CD 机的位置，到此，安装完成

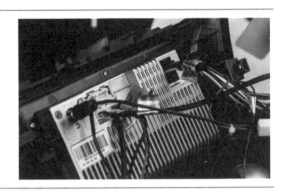

第三步骤　安装后调试

1. 检测倒车影像

要点：

将车辆通电，挂入倒档，检测倒车影像是否使用正常

2. 测试导航功能

要点：

参照产品说明书，逐一测试各个功能键

第四步骤　车身复原

车身复原

要点：

导航测试无问题存在后，做好车身复原工作，如安装好行李箱装饰板、车门门槛饰板等

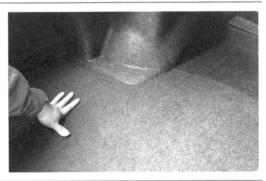

评价与巩固

一、反思性问题

什么是车载导航？它的常用功能有哪些？

答：

_____

_____

_____

二、拓展性问题

请叙述全球定位系统（GPS）的导航原理。

答：

_____

_____

_____

三、操作能力考核表

项目	评价内容	评价等级（学生自评）		
		A	B	C
关键能力考核项目	遵守纪律、遵守学习场所管理规定，服从安排			
	安全意识、责任意识，5S 管理意识，注重节约、节能与环保			
	学习态度积极主动，能参加实习安排的活动			
	团队合作意识，注重沟通，能自主学习及相互协作			
	仪容仪表符合活动要求			
专业能力考核项目	按时按要求独立完成考核表			
	正确使用加装车载导航所需的工具			
	正确完成车载导航加装的工艺流程			
	完成车载导航加装作业的质量			
	正确穿戴劳动保护用品			
小组评语及建议		组长签名： 年　月　日		
老师评语及建议		教师签名： 年　月　日		

任务三　　行车记录仪的加装

学习目标

能准确叙述行车记录仪的组成及功能。

能正确使用加装行车记录仪所需的各种工具。

能单人高质量完成行车记录仪加装的工艺流程。

任务描述

根据车主对汽车驾驶途中记录影像及声音等的要求，车载电器安装技师在车载电器加装工位按照规范的操作工艺，在一定的时间内完成行车记录仪加装项目的操作，并达到车主满意的效果。

学习地点

理论教室、车载电器加装工位区。

学习准备

教具：多媒体设备。

工量具：电烙铁、专用撬棒、剥线钳、电笔、组合扳手、引线钩等。

材料：行车记录仪产品（麦哲龙品牌）。

劳动保护用品：工作服、劳保鞋。

需用知识

一、行车记录仪的功能

行车记录仪是记录车辆行驶途中的影像及声音等相关资讯的仪器。安装行车记录仪后，能够记录汽车行驶全过程的视频图像和声音，可为交通事故提供证据。行车记录仪视频资料不可以裁剪。如果裁剪，则失去事故责任认定价值。

行车记录仪的功能：

1）维护驾驶人的合法权益。对横穿公路的行人及骑自行车、摩托车，万一和他们产生了刮碰，有可能会被敲诈勒索。如果有了行车记录仪，驾驶人可为自己提供有效的证据。

将监控录像记录回放，事故责任一目了然，交警处理事故快速准确，既可快速撤离现场恢复交通，又可保留事发时的有效证据，营造安全畅通的交通环境。

2）如果每辆车上都安装行车记录仪，驾驶人也不敢随便违章行驶，事故发生率也会大幅度下降，肇事车辆都会被其他车辆的行车记录仪拍摄下来，交通肇事逃逸案将大大减少。

3）法院在审理道路交通事故案件时，在量刑和赔偿上将更加准确和有据可依，也给保险公司的理赔提供了证据。

4）碰到专业碰瓷的和拦路抢劫的，行车记录仪可以提供破案的重要证据：事故发生现场和案犯的外貌特征等。

5）喜欢自驾游的车主，可以用来记录征服艰难险阻的过程。开车时边走边录像，同时把时间、速度、所在位置都记录在录像里，相当于"黑匣子"。

6）可在家用作 DV 拍摄生活乐趣，或者作为家用监控使用。平时还可以做停车监控。

二、行车记录仪的分类及技术指标

1. 装配方式

行车记录仪主要分为便携性行车记录仪与后装车机一体式 DVD 行车记录仪两大类。其中便携性行车记录仪又分为后视镜行车记录仪与数据行车记录仪，这类记录仪具有隐蔽性好、安装方便、可拆卸更换、成本低、使用简单等特点。后装车机一体式 DVD 行车记录仪一般是专车专用，又分为前装和后装两种，安装这种记录仪成本较高，改装难度较大，但是安装之后可以保持车内的美观。此外，也有部分豪华车型在出厂时已经安装了行车记录仪。

2. 摄像头数量

按照汽车摄像头的多少一般又有了 2 路、3 路、4 路和 8 路行车记录仪。5 路输入中一路可以接倒车摄像头，其他四路行车记录录像用。

3. 外形及功能

根据外形及功能可分类为高清行车记录仪、迷你行车记录仪、夜视行车记录仪、广角行车记录仪、双镜头行车记录仪、多功能一体机、眼镜式多功能行车记录仪等。

4. 屏幕尺寸

屏幕尺寸有 1.5in 、2.0in、2.4in、2.7in、2.5in、3in、3.5in、4.3in、4.7in，5in 和 7in 和无屏幕等。注：1in = 25.4mm。

5. 内存容量

一般行车记录仪都没有内置内存，要靠内存卡扩展或者加移动数字硬盘。如果是 Micro SD 卡扩展或者是 SD 卡扩展，容量为 2G、4G、8G、16G、32G 等；如果是移动数字硬盘，容量可为 250G、500G、1000G 等。内存越大，行车记录仪价格越高，一般要按行车记录仪录像的清晰度及摄像头的记录储存时间来决定购买多大的内存适合，高清的行车记录仪有 720p 和 1080p 的，4G 的卡录 720p 的视频只可以录制 1h 左右，1080p 的视频占用的空间约是 720p 的 2 倍。

6. 视频解析度

视频文件的解析度和帧流率是衡量行车记录仪画质品质的重要指标。行车记录仪视频解析度主要分普清、高清、全高清、超清 4 种。

7. 拍摄角度

常见拍摄角度有 90°、100°、120°、140°、150°、170°等。主流的单镜头行车记录仪都配备 120°或者 140°的广角镜头。单镜头基本达不到 170°的广角，即便达到 170°画面也会严重变形，反而影响画面的清晰度。

8. 视频像素

按照像素划分，行车记录仪有 30 万像素和 130 万像素、200 万像素、500 万像素 4 种。有些标注 1200 万像素是指静态拍照，并非视频像素值。

三、行车记录仪的组成

1）主机。包括微处理器、数据存储器、实时时钟、显示器、镜头模组、操作键、打印机和数据通信接口等装置。如果主机本体上不包含显示器、打印机，则应留有相应的数据显示和打印输出接口。

2）车速传感器。

3）数据分析软件。

四、行车记录仪的选购

在选购行车记录仪时需要进行产品参数分析，包括拍摄角度、视频分辨率、压缩格式、缓存、录像是否可手动关闭、有无紧急录影、是否干扰其他汽车电子产品、是否配卡等方面。

1. 摄像角度

行车记录仪的摄像角度大多在 100°左右，这个角度基本能够保证将车辆两边的车道都拍进去。当然，选择尽可能大的摄像角度对于车主而言更好，不过这也需要花费更多的钱。

2. 视频分辨率

一般来说，视频分辨率为 1280×720 时基本能够保证所拍摄的前车牌照等能看清楚，旁边车道的车牌则相对要模糊些。此外，记录仪的 CMOS 芯片的感光能力以及外面镜头的玻璃的好坏，直接关系到其夜晚拍摄的效果。

3. 压缩格式

行车记录仪大多采用 H.264 压缩格式。没有好的压缩方式不仅占用更大的存储容量，同时对存储卡的速度要求更高，容易丢帧，也影响存储卡行车记录仪的兼容性。720p 分辨率 H.264 压缩的 1min 片段大小约为 60MB 左右。对于车主而言，合理选择记录间隔时间和容量有助于发生事故时的及时取证，一般选择 1min 作为间隔时间为宜。

4. 缓存

选择尽量大的缓存，能带来更流畅的视频及更好的存储卡兼容性。

5. 夜视效果

这里指的夜视效果是指产品低照度性能。出色的产品不是带 LED 灯和红外线灯的，再强的补光灯也没有两个前照灯亮，根本照不到路上，并且照在前玻璃上形成反光，严重影响录像清晰度。

6. 录音开启

如果不能关闭录音，不利于车内的隐私，可能会有很尴尬的状况出现。正规品牌的记录仪都有一键静音功能。

7. 紧急录影

基于前述行车记录仪循环录影的特性，如果有一段影像很重要，但以后的视频还要拍摄，那么前面重要的视频就会存在被自动删除的问题了。这时出现了紧急录影的设计，如果有重要的影像，只需手动按一个键，就会强制保存这段视频在卡存满时不会被自动删除。自动紧急录影是利用重力传感器，在监控到车载猛烈振动时会自动保护这段视频不被自动覆盖删除，在车辆发生碰撞时此功能会有很好用途。

8. 屏蔽措施

山寨产品为降低成本，设计时不采取任何屏蔽措施，没有严格的测试，会干扰 GPS 导航、遥控器、收音、胎压计和行车电脑等汽车电子产品，在出现状况时影响是巨大的。

9. 是否配卡

由于行车记录仪录制的视频文件非常大，高清视频每分钟高达近百兆，因此对内存卡写入的速度有苛刻要求。低速卡行车记录仪发热量很大会导致死机。闪存卡鱼龙混杂，优质的芯片能反复擦写超过 10 万次，劣质的只能 2000 次左右。

10. 操作

要购买容易操作、智能化的行车记录仪。

11. 效果

在收到了行车记录仪以后，可以在各种条件下都去尝试一下，测试好了，使用起来就更加的安全放心。

◈ **活动实施**

行车记录仪安装工艺流程

一、实训教学用车

实训教学用车为 2017 款宝来（原车已安装倒车影像）

二、实训工具及材料

实训工具及材料如图 4 - 3 所示。

三、实训时间

实训时间为 50min。

四、实训教学目标

1）能正确使用汽车改装所用到的工具。
2）能单人高质量完成行车记录仪安装的工艺流程。

五、实训教学组织

1. 教学组织形式

每辆车安排两名学生参与实训，一人操作，另一人观察学习。

2. 学生站位分工和要求

两名学生为一组，先操作的学生为 1 号，另一人为 2 号。

3. 实训教师职责

讲解操作步骤和注意事项；下达"操作开始"口令；工位间巡视、检查、指导和纠正错误。

4. 学生职责变换

两名学生实行职责变换制度，即第一遍 1 号操作，第二遍 2 号操作。

六、实训操作步骤

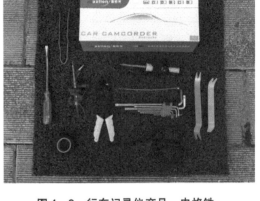

图 4-3　行车记录仪产品、电烙铁、专用撬棒、剥线钳、电笔、组合扳手、引线钩

第一步骤　安装后视摄像头

1. 拆除行李箱装饰板

要点：

用撬棒拆除掉卡扣，注意不要损坏装饰板

2. 松掉原车倒车影像的摄像头

要点：

松掉原车倒车影像的摄像头。注意松下时动作要轻柔，不得损坏原车倒车影像的摄像头

3. 安装行车记录仪的后置摄像头

要点：

松掉原车倒车影像的摄像头之后，把行车记录仪的后置摄像头连同视频线引出至车牌架上方

要点：

把后置摄像头安装在合适的位置。安装时注意不要压断视频线，要安装紧凑，并用双面胶固定牢，防止脱落

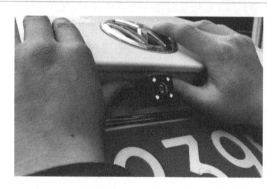

4. 连线

要点：

连接后置摄像头的电源线和视频线，注意不要接反

连接好之后用电工胶粘接好

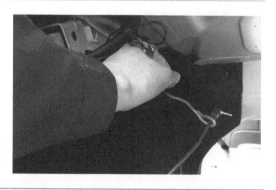

要点：

由于原车已安装倒车影像，所以电源线无需连接倒车灯，只需将其包扎固定好即可

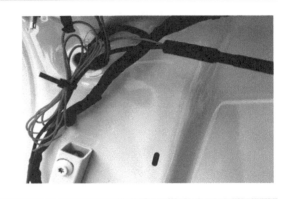

要点：

依次拆开左后门、左前门门槛饰板，将后置摄像头的视频线从后排座椅处引入至左前门立柱上方，再通过 A 柱内饰板上方穿过前顶棚到达室内后视镜上方，并留出 10cm 左右的线头长度，多余的线用扎带固定塞入顶棚内

5. 连接摄像头视频线

要点：

将摄像头视频线与导航主机电源线连接

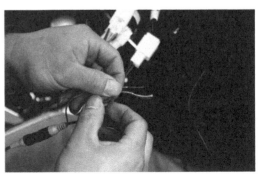

第二步骤　安装前置电源线

1. 改装行车记录仪的电源线

要点：

找一根约20cm长的双线，使用电烙铁将其焊接在行车记录仪的电源插头上

2. 拆除仪表台侧护板

要点：

用撬棒拆开仪表台侧护板。注意拆卸时不能损伤仪表台表面

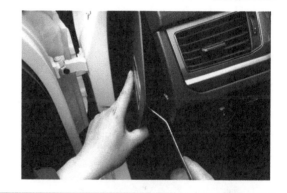

3. 测试 ACC 电源

要点：

使用测电笔找出在点火开关打开后通电的那个电流在10A以上的熔断器，并将其拔出

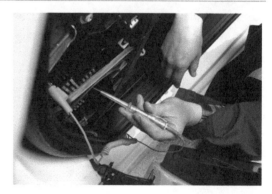

4. 连线

要点：

将前置电源线的正极接在熔断器上。注意缠绕要紧凑

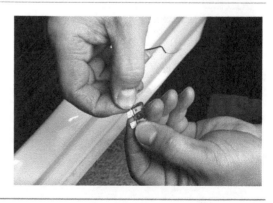

要点：

将前置电源线的负极搭铁。注意要搭牢固，防止接触不良

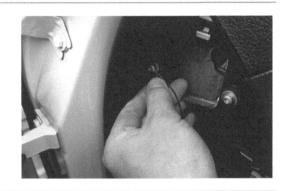

要点：

用扎带将电源固定在仪表台侧护板内，再将线从 A 柱内饰板内穿过

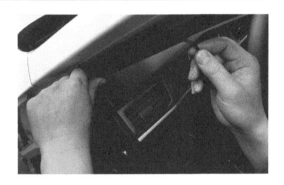

要点：

从 A 柱内饰板上方穿过前顶棚到达室内后视镜上方，并留出 10cm 左右的线头长度，多余的线用扎带固定塞入顶棚内

第三步骤　安装行车记录仪主机

1. 插入内存卡

要点：

将 8G 以上的内存卡插入行车记录仪的主机上

2. 固定行车记录仪

要点：

用专用绑带将行车记录仪固定在室内后视镜上

3. 连接插头

要点：

将电源线的插头及后置摄像头视频线的插头与行车记录仪连接

第四步骤　行车记录仪调试

行车记录仪调试

要点：

将车辆通电，检查行车记录仪是否正常工作，并设定好日期

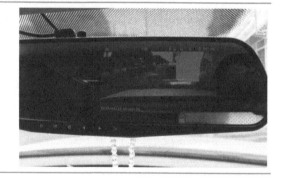

第五步骤　车身复原

车身复原

要点：

行车记录仪经测试无问题存在后，做好车身复原工作，如安装好行李箱装饰板、车门门槛饰板、仪表台侧护板等

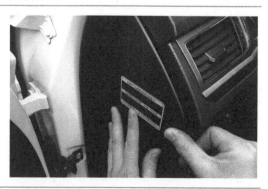

◀ 评价与巩固

一、反思性问题

什么是行车记录仪？它的基本组成有哪些？

答：_____

_____

_____

_____

二、拓展性问题

车辆安装行车记录仪之后，对车主有哪些好处？

答：_____

_____

_____

_____

三、操作能力考核表

项目	评价内容	评价等级（学生自评）		
		A	B	C
关键能力考核项目	遵守纪律、遵守学习场所管理规定，服从安排			
	安全意识、责任意识，5S 管理意识，注重节约、节能与环保			
	学习态度积极主动，能参加实习安排的活动			
	团队合作意识，注重沟通，能自主学习及相互协作			
	仪容仪表符合活动要求			
专业能力考核项目	按时按要求独立完成考核表			
	正确使用行车记录仪的加装工具			
	正确完成行车记录仪加装的工艺流程			
	达到行车记录仪加装作业的质量			
	正确穿戴劳动保护用品			
小组评语及建议		组长签名： 年　月　日		
老师评语及建议		教师签名： 年　月　日		

参 考 文 献

[1] 辛莉. 汽车美容与装饰 [M]. 北京：机械工业出版社，2013.

[2] 谭本忠. 汽车美容与装饰图解教程 [M]. 北京：机械工业出版社，2014.

[3] 周燕. 汽车美容与装饰 [M]. 3 版. 北京：机械工业出版社，2015.

机械工业出版社 | 汽车分社
CHINA MACHINE PRESS

读者服务

机械工业出版社立足工程科技主业，坚持传播工业技术、工匠技能和工业文化，是集专业出版、教育出版和大众出版于一体的大型综合性科技出版机构。旗下汽车分社面向汽车全产业链提供知识服务，出版服务覆盖包括工程技术人员、研究人员、管理人员等在内的汽车产业从业者，高等院校、职业院校汽车专业师生和广大汽车爱好者、消费者。

一、意见反馈

感谢您购买机械工业出版社出版的图书。我们一直致力于"以专业铸就品质，让阅读更有价值"，这离不开您的支持！如果您对本书有任何建议或意见，请您反馈给我。我社长期接收汽车技术、交通技术、汽车维修、汽车科普、汽车管理及汽车类、交通类教材方面的稿件，欢迎来电来函咨询。

咨询电话：010-88379353　编辑信箱：cmpzhq@163.com

二、课件下载

选用本书作为教材，免费赠送电子课件等教学资源供授课教师使用，请添加客服人员微信手机号"13683016884"咨询详情；亦可在机械工业出版社教育服务网（www.cmpedu.com）注册后免费下载。

三、教师服务

机工汽车教师群为您提供教学样书申领、最新教材信息、教材特色介绍、专业教材推荐、出版合作咨询等服务，还可免费收看大咖直播课，参加有奖赠书活动，更有机会获得签名版图书、购书优惠券。

加入方式：搜索 QQ 群号码 317137009，加入机工汽车教师群 2 群。请您加入时备注院校 + 专业 + 姓名。

四、购书渠道

机工汽车小编
13683016884

我社出版的图书在京东、当当、淘宝、天猫及全国各大新华书店均有销售。

团购热线：010-88379735

零售热线：010-68326294　88379203

推荐阅读

书号	书名	作者	定价（元）
智能网联、新能源汽车专业教材			
9787111678618	智能网联汽车技术入门一本通（全彩印刷）	程增木	69
9787111715276	智能汽车技术（全彩印刷）	凌永成	85
9787111702696	智能网联汽车技术原理与应用（彩色版）	程增木　杨胜兵	65
9787111628118	智能网联汽车技术概论（全彩印刷）	李妙然　邹德伟	49.9
9787111693284	智能网联汽车底盘线控系统装调与检修（附任务工单）	李东兵　杨连福	59.9
9787111710288	智能网联汽车智能传感器安装与调试（全彩活页式教材）	中国汽车工程学会　等	49.9
9787111712480	智能网联汽车底盘线控执行系统安装与调试（全彩印刷）	中国汽车工程学会　等	49.9
9787111709800	智能网联汽车计算平台测试装调（全彩印刷）	中国汽车工程学会　等	49.9
9787111711711	智能网联汽车智能座舱系统测试装调（全彩印刷）	中国汽车工程学会　等	49.9
9787111710318	新能源汽车检测与故障诊断技术（彩色版配实训工单）	吴海东　等	69
9787111707585	新能源汽车电动空调　转向和制动系统检修（彩色版配实训工单）	王景智　等	69
9787111702931	新能源汽车整车控制系统检修（彩色版配实训工单）	吴东盛　等	69
9787111701637	新能源汽车动力电池及管理系统检修（彩色版配实训工单）	吴海东　等	59
9787111707165	新能源汽车技术概论（全彩印刷）	赵振宁	55
9787111706717	纯电动汽车构造原理与检修（全彩印刷）	赵振宁	59
9787111587590	纯电动/混合动力汽车结构原理与检修（配实训工单）（全彩印刷）	金希计　吴荣辉	59.9
9787111709565	新能源汽车维护与故障诊断（配实训工单）（全彩印刷）	林康　吴荣辉	59
9787111700524	新能源汽车整车控制系统诊断（双色印刷）	赵振宁	55
9787111699545	智能网联汽车概论（全彩印刷）	吴荣辉　吴论生	59.9
9787111698081	新能源汽车结构原理与检修（全彩印刷）	吴荣辉	65
9787111683056	新能源汽车认知与应用（第2版）（全彩印刷）	吴荣辉　李颖	55
9787111615767	新能源汽车概论（全彩印刷）	张斌　蔡春华	49
9787111644385	新能源汽车电力电子技术（全彩印刷）	冯津　钟永刚	49
9787111684428	新能源汽车高压安全与防护（全彩印刷）	吴荣辉　金朝昆	45
9787111610175	新能源汽车动力电池及充电系统检修（全彩印刷）	许云　赵良红	55
9787111613183	新能源汽车电机驱动系统检修（全彩印刷）	王毅　巩航军	49

书号	书名	作者	定价（元）
9787111613206	新能源汽车辅助系统检修（全彩印刷）	任春晖　李颖	45
9787111646242	新能源汽车维护与故障诊断（全彩印刷）	王强　等	55
9787111670469	新能源汽车结构原理与检修（彩色版）	康杰　等	55
9787111448389	电动汽车动力电池管理系统原理与检修	朱升高　等	59.9
9787111675372	新能源汽车动力蓄电池与驱动电机系统结构原理及检修	周旭　石未华	49.9
9787111672999	电动汽车结构原理与故障诊断（第2版）（配实训工作手册）	陈黎明　冯亚朋	69.9
9787111623625	电动汽车结构原理与维修	朱升高　等	49
9787111610717	新能源汽车结构与维修（第2版）	蔡兴旺　康晓清	49
9787111591566	电动汽车电机控制与驱动技术	严朝勇	45
9787111484868	电动汽车动力电池及电源管理（"十二五"职业教育国家规划教材）	徐艳民	35
9787111660972	新能源汽车专业英语	宋进桂　徐永亮	45
9787111684862	智能网联汽车技术概论（彩色版配视频）	程增木　康杰	55
9787111674559	混合动力汽车结构与检修一体化教程（彩色版）（附赠习题册含工作任务单）	汤茂银	55
传统汽车专业教材			
9787111678892	汽车构造与原理　（彩色版）	谢伟钢　范盈圻	59
9787111702474	汽车销售基础与实务（全彩印刷）	周瑞丽　冯霞	59
9787111678151	汽车网络与新媒体营销（全彩印刷）	田凤霞	59.9
9787111687085	汽车销售实用教程（第2版）（全彩印刷）	林绪东　葛长兴	55
9787111687351	汽车自动变速器原理与诊断维修　（彩色版）	张月相　张雾琳	65
9787111704225	汽车机械基础一体化教程（彩色版配实训工作页）	广东合赢	59
9787111698098	汽车检测与故障诊断一体化教程（彩色版配工作页）	秦志刚　梁卫强	69
9787111699934	汽车舒适与安全系统原理检修一体化教程（配任务工单）	栾琪文	59.9
9787111711667	汽车发动机电控系统结构原理与检修（彩色版配实训工单）	李先伟　吴荣辉	59
9787111689218	汽车底盘电控系统原理与检修一体化教程（彩色版）（附实训工作页）	杨智勇　金艳秋　翟静	69
9787111676836	汽车底盘机械系统构造与检修一体化教程（全彩印刷）	杨智勇　黄艳玲　李培军	59
9787111699637	汽车电气设备结构原理与检修（配实训工单）（全彩印刷）	管伟雄　吴荣辉	69